Le petit livre pour
Arrêter de Fumer

Bertrand Dautzenberg

Professeur de pneumologie au groupe hospitalier
Pitié Salpêtrière à Paris.

Il y a trente-cinq ans, Bertrand Dautzenberg, en voyant un homme se taper avec un marteau sur le doigt, comprend qu'il est plus important d'arrêter la frappe du marteau que de faire des radiographies du doigt ou de prescrire des médicaments pour le guérir.

De la même façon, il réalise à l'époque, comme tous les futurs lecteurs de ce petit livre, en voyant les fumeurs se « taper sur les poumons » avec la fumée de cigarette, qu'il est plus efficace d'essayer d'arrêter la fumée plutôt que de faire des radios ou des scanners des poumons pour mesurer les dégâts ou de prescrire des médicaments pour traiter la BPCO ou le cancer induit par le tabac.

Ainsi, à côté de son travail de réanimation respiratoire, puis de prise en charge des cancers du poumon, des infections respiratoires et des BPCO, il se consacre de plus en plus à la prévention de ces maladies, prévention qui repose avant tout sur le contrôle du tabagisme.

Il préside l'Office français de prévention du tabagisme, l'association Paris sans tabac, le Réseau européen des hôpitaux sans tabac et l'Alliance contre le tabac d'Île-de-France.

Pr Bertrand Dautzenberg

Le petit livre pour
Arrêter de Fumer

© Éditions First, 2007

Le Code de la propriété intellectuelle interdit les copies ou reproductions destinées à une utilisation collective. Toute représentation ou reproduction intégrale ou partielle faite par quelque procédé que ce soit, sans le consentement de l'auteur, de ses ayants droit ou de ses ayants cause est illicite et constitue une contrefaçon sanctionnée par les articles L 352-2 et suivants du Code de la propriété intellectuelle.

ISBN : 978-2-7540-0348-3
Dépôt légal : 1er trimestre 2007
Imprimé en Italie

Conception graphique : Georges Brevière

Nous nous efforçons de publier des ouvrages qui correspondent à vos attentes et votre satisfaction est pour nous une priorité.
Alors, n'hésitez pas à nous faire part de vos commentaires à :

Éditions First
2 ter, rue des Chantiers, 75005 Paris
Tél : 01 45 49 60 00
Fax : 01 45 49 60 01
e-mail : firstinfo@efirst.com

En avant-première, nos prochaines parutions, des résumés de tous les ouvrages du catalogue. Dialoguez en toute liberté avec nos auteurs et nos éditeurs. Tout cela et bien plus sur Internet à www.efirst.com

Introduction

Comme de nombreux fumeurs, vous avez déjà fait un pas : vous voulez arrêter de fumer.

- Cette envie peut encore être floue, vous restez hésitants :
    → *ce petit livre vous aidera à choisir une date d'arrêt.*
- Vous avez décidé d'arrêter, cette fois c'est la bonne ; ce sera le 14 du mois prochain, mais vous voulez faire le point avant de faire le grand saut :
    → *ce petit livre vous aidera à préparer l'arrêt.*
- Ça y est, vous arrêtez, vous voulez surmonter les embûches qui vous guettent :
    → *ce petit livre vous aidera dans votre arrêt.*
- Bravo ! Vous avez arrêté ! Maintenant objectif santé, bien être, liberté et **no rechute :**
    → *ce petit livre vous aidera à ne pas rechuter.*

Entre vous et le tabac c'est plus ça. En 2008 le tabac n'a plus aucun charme, il sent de plus en plus mauvais, vous abîme de plus en plus... Vous voulez retrouver votre liberté ! Le *petit livre* est écrit pour vous et vous accompagnera tout au long de l'arrêt. Le petit livre n'est pas la méthode miracle que certains vous promettent, mais il vous aidera à construire vous-même, avec l'aide de soignants ou de votre entourage, votre « méthode en kit ». C'est la méthode qu'il vous faut pour que vous soyez actif dans votre arrêt.

Comment lire ce livre

Ce livre est structuré en 4 parties :

- **Et si j'arrêtais ?** p. 7
- **J'ai fixé ma date et me prépare à l'arrêt** p. 56
- **J'arrête** p. 114
- **Je ne veux pas rechuter** p.138

Vous pouvez aller directement au chapitre qui vous intéresse, mais les autres chapitres contiennent une foule d'informations qui vous seront utiles dans tous les cas.

L'index (p.158) vous permet d'aller directement à la page qui vous intéresse pour trouver une réponse à une question que vous vous posez.

Gardez ce compagnon d'arrêt auprès de vous tout au long de votre préparation et de votre arrêt.

Et si j'arrêtais ?

Alors qu'avant 1999, seulement un peu plus d'un fumeur sur deux déclarait son désir d'arrêter, près des trois quarts des fumeurs ont maintenant un tel désir en France. Si vous avez ce petit livre entre les mains, c'est probablement que vous faites partie des 10 millions parmi les 13 millions de fumeurs qui, en France, désirent arrêter. Ce désir est également fort dans tous les pays développés.

Il est d'autant plus fort qu'on a plus de 30 ans, qu'on a fait des études ou qu'on se projette dans l'avenir.

Si l'on est stressé, déprimé, à bout de forces, on peut quand même se placer dans une perspective d'arrêt. Il faut alors choisir judicieusement sa date, c'est-à-dire un moment où l'on remonte la pente. Ce pourra être une première victoire sur soi, vers une vie meilleure. Il est frappant, par exemple, de voir comme nombre de sujets déprimés souhaitent arrêter le tabac.

Ce questionnement sur l'arrêt doit prendre un temps suffisant, afin de bien faire le tour de la question avant de passer à l'acte.

Un arrêt bien préparé a plus de chances d'être efficace qu'un arrêt précipité.

Il faut donner du temps au temps !

Les stades de préparation au changement

Il y a trente-cinq ans, les deux psychologues Di Clemente et Prochaska ont établi un cycle de préparation au changement. Ce cycle, décrit initialement pour la prise en charge des personnes en difficulté avec l'alcool, s'applique à tous les changements que l'on veut conduire dans sa vie.

Essayez par exemple de remplacer dans le schéma ci-dessous « tabac » par « ranger ma chambre » ou « contrôler mon alimentation » ! Il est important de vous situer dans ce cercle et de respecter le cheminement.

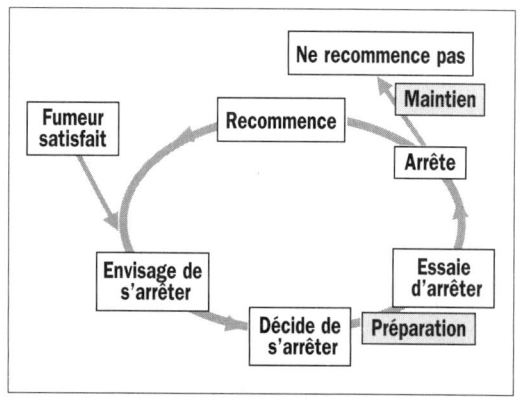

Arrêter sur un coup de tête

Si les médecins proposent toujours au fumeur de préparer son arrêt, de fixer une date, certains fumeurs arrêtent de fumer sur un coup de tête.

Un fumeur fume deux paquets par jour. Un matin à 10 heures, il n'a aucunement l'intention de s'arrêter, mais à 11 heures, il apprend que son ami est malade du tabac. Il déchire alors rageusement son dernier paquet, le jette et décide qu'il ne fumera plus jamais. Les situations équivalentes ne sont pas si rares que cela.

Arrêter sans se faire aider, juste en serrant les dents, c'est parfois possible, mais le risque d'échouer, d'être désagréable avec son entourage et de prendre du poids est bien plus grand que lorsqu'on se fait aider.

Même si vous voulez arrêter sur un coup de tête, il est préférable de vous faire aider par votre médecin ou par un autre professionnel de la santé, ou encore par la ligne Tabac Info Service, dont le numéro a 1 chance sur 14 d'être marqué sur votre paquet de cigarettes. Les médicaments aident au succès du sevrage en le rendant plus confortable, ils permettent d'optimiser l'efficacité de votre décision d'arrêt.

Pourquoi avez-vous envie d'arrêter ?

Il existe de très nombreux motifs qui poussent à avoir envie d'arrêter. Il est important de les lister et de les analyser. Il ne faut pas rester à la dernière motivation qui, même si elle apparaît essentielle, est la goutte d'eau qui fait déborder votre « vase de motivations pour arrêter ». Au cours des années, vous avez accumulé des dizaines de raisons d'arrêter de fumer que vous avez enfouies dans votre mémoire. Puis, un jour, une dernière motivation vous pousse à passer à l'acte d'arrêt.

Passez en revue vos motivations et faites-en la liste : elle vous aidera tout au long de votre arrêt.

Vos motivations pour arrêter

- Un enfant m'a dit que je sentais le tabac.
- J'étais essoufflé en arrivant au quatrième étage.
- Ma bronchite ne veut pas s'arrêter.
- J'ai dû faire 5 km pour acheter des cigarettes.
- Il y a trop d'endroits où on ne peut plus fumer.
- Cela revient trop cher.
- J'ai la peau grise, terne.
- Un chanteur est mort à 45 ans en jouant au tennis et après avoir fumé un gros cigare.
- J'en ai assez d'être dépendant du tabac.
- Finalement, fumer ne m'apporte rien de bien.
- J'ai lu qu'il y a des toxiques dans la fumée.

L'information :
une arme antitabac redoutable

Il est frappant de constater à quel point la connaissance du tabac et de ses effets peut être une arme redoutable contre le tabac.

À de nombreuses reprises, depuis que je travaille sur le contrôle du tabac, j'ai rencontré des créatifs préparant un CD ou une campagne de pub pour la télévision qui fumaient au début de leur travail ; sans dire un mot, ils ont presque tous pris la décision d'arrêter de fumer, impressionnés par ce qu'ils avaient appris. La connaissance coupe l'envie de fumer.

Si certains fument encore avec tout ce que l'on sait sur le tabac, c'est qu'ils occultent leurs connaissances. On sait que le tabac est dangereux, mais on oublie de boucler le cercle et de réaliser que le tabac est dangereux pour soi.

Lisez des livres sur le tabac, visitez des sites internet, téléphonez aux lignes d'écoute, regardez des émissions : tout ce que vous apprendrez sur le tabac vous aidera à arrêter et surtout à ne pas rechuter.

« Le tabac, c'est trop bête ! »

Ce slogan est présent dans de nombreux dessins d'enfants sur le tabac. Il reflète bien la vérité.

Le minimum de connaissances

Il faut être informé sur le produit. La campagne de l'INPES est sur ce point exemplaire :

Avis aux consommateurs
Des traces de mercure, d'acide cyanhydrique,
d'ammoniac et d'acétone
ont été décelées dans un produit
de consommation courante.
Pour en savoir plus, téléphonez au
0825 309 310

(0,15 euro/min)

Les campagnes contre les agissements des compagnies de tabac, qui sont complices de la contrebande mondiale ou mettent de la nicotine dans le dentifrice des enfants en Inde afin qu'ils soient en manque de nicotine plus tard, dégoûtent certains d'utiliser ces produits.

**Un fumeur régulier
fumant un paquet de cigarettes par jour
a une « chance » sur deux
de mourir d'une maladie liée au tabac.
En arrêtant de fumer, on rejoint progressivement
l'espérance de vie du non-fumeur.**

La fumée du tabac : un nuage toxique

On retrouve plus des trois quarts des composés de la fumée du tabac dans les fumées résultant du charbon brûlé, produit dérivé du pétrole ou de l'essence.

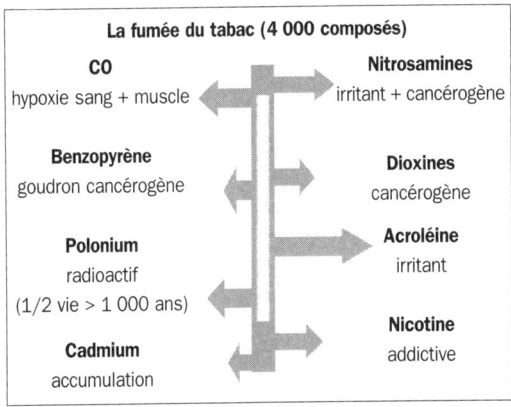

La fumée de haschisch contient presque les mêmes composés toxiques, mais le THC (tétra-hydro-cannabinol) remplace la nicotine.

Tout ce qui se fume pollue.

Origine du monoxyde de carbone (CO)

Le CO est libéré par toute combustion déficitaire en oxygène. Les produits organiques, comme le bois, le pétrole ou le tabac, libèrent de l'eau et du gaz carbonique (CO_2), un gaz non toxique quand ils brûlent avec de l'oxygène qui attise le feu. En revanche, quand le feu couve par manque d'oxygène, il produit du CO, un gaz toxique.

Le CO est libéré par un feu qui couve, par un moteur de voiture ou de camion mal réglé et par la fumée d'une cigarette ! La quantité de CO s'élève encore lorsqu'on laisse la cigarette se consumer dans le cendrier, faisant partager aux autres sa fumée.

Le CO de la fumée du tabac passe très vite dans le sang et se fixe aux globules rouges, les empêchant de transporter l'oxygène dans tout le corps.

Le CO va aussi se fixer sur tous les muscles, en particulier le muscle cardiaque. Il diminue les performances physiques des muscles et du cœur. Tous les organes sont asphyxiés.

Certains sportifs prenaient autrefois, de façon illégale, de l'EPO pour augmenter le transport d'oxygène et accroître leurs performances. En même temps que la fumée, les fumeurs absorbent du CO qui diminue le transport d'oxygène et les rend plus poussifs !

Mesure du CO expiré

Comme on peut mesurer l'alcool dans l'air expiré chez quelqu'un qui a bu pour estimer la quantité d'alcool présent dans le sang (Alcootest), on peut mesurer le CO dans l'air expiré pour mesurer la pollution du corps par la fumée (de tabac ou de haschisch).

L'unité de mesure est le « ppm » (partie par million). Dans l'air des villes, le taux est de 2 à 4 ppm du fait de la pollution automobile. Si le taux est supérieur à 8,5 ppm, il y a alerte à la pollution. Dans les parkings souterrains, à 35 ppm les systèmes d'épuration et de mise en alerte se déclenchent.

Chez les fumeurs, le taux varie beaucoup selon la manière de fumer, mais on peut retenir que le taux d'environ 3 ppm chez le non-fumeur monte de 1 ppm par cigarette fumée par 24 heures. C'est-à-dire qu'en fumant 5 cigarettes par jour, on atteint dans son poumon le niveau européen d'alerte à la pollution des villes.

En fumant un peu plus de 30 cigarettes, le fumeur déclencherait, avec son air expiré, les alertes à la pollution dans les parkings souterrains.

Il faut attendre 6 heures au repos pour que la moitié du CO s'élimine du corps.

Définitivement : fumer, c'est se polluer !

Origine des goudrons de la fumée du tabac

Certains cancérogènes, comme les nitrosamines, sont présents dans les feuilles de tabac, mais ce n'est pas le cas des goudrons. Les goudrons sont produits lors de la combustion du tabac. Ce sont des irritants et surtout de puissants agents cancérogènes et mutagènes.

Toutes les organisations internationales, comme le Centre international de recherche sur le cancer ou le Bureau international du travail, classent la fumée du tabac comme un agent cancérogène « prouvé pour l'homme », qu'il s'agisse de la fumée aspirée par le fumeur ou de celle qui se libère dans l'environnement, inhalée par les non-fumeurs.

Quand la cigarette se consume, il est clairement démontré que la fumée du tabac est responsable de cancers chez les non-fumeurs ou chez les animaux de compagnie, chats ou chiens, vivant chez des fumeurs.

En arrêtant d'allumer vos cigarettes, vous vous protégerez vous-même, mais vous éviterez aussi de polluer votre entourage avec ces substances cancérogènes.

N'offrez plus le cancer à votre entourage.

Action des goudrons

Les goudrons sont des irritants de la peau, des muqueuses et des voies respiratoires.

Ils agissent principalement sur notre patrimoine génétique qu'ils altèrent directement en créant des mutations de l'ADN et indirectement en altérant les mécanismes de protection que nous possédons pour nous défendre des cancers.

Un des plus formidables mécanismes de défense contre le cancer que l'homme possède est le système de la « protéine P 53 ». Ce système permet de réparer de nombreuses mutations de nos chromosomes ; il est le correcteur d'orthographe qui corrige les erreurs se produisant lors de l'écriture des séquences d'ADN. Il corrige les fautes et bloque la progression des copies erronées.

La fumée du tabac altère ce système de défense naturel contre le cancer et altère donc notre ADN. La fumée du tabac, comme toutes les autres substances cancérogènes de l'environnement, devient plus dangereuse pour vous si vos systèmes de défenses contre les tumeurs sont ainsi altérés.

Décidément, cette fumée de tabac n'est pas sympa !

La nicotine : un produit chimique

La nicotine est une substance chimique spécifique au tabac. Elle appartient à la famille des alcaloïdes, comme beaucoup de drogues. Elle a sur le corps quelques effets positifs et de nombreux effets négatifs.

La nicotine est la principale cause de la dépendance à la cigarette.

Deux principaux problèmes sont liés à la nicotine des cigarettes :

La nicotine du tabac est noyée dans des polluants.

Votre corps reçoit avec la nicotine les milliers de composés chimiques de la fumée du tabac, qui brûlent et détruisent votre corps à petit feu.

La nicotine est très addictive.

Après quelque temps de consommation, le fumeur devient « accroché » à la nicotine. Vous avez du mal à rester une semaine sans en prendre : vous êtes dépendant. Si la nicotine de la cigarette ne créait pas la dépendance, le marché du tabac s'effondrerait, et vous-même ne fumeriez que de temps en temps. Mais le tabac est pour vous, comme pour plus d'un milliard de consommateurs réguliers, une drogue : vous êtes accroché, vous êtes addict.

Action de la nicotine sur le corps

La nicotine agit directement sur le cerveau au niveau d'une région liée au plaisir, le noyau accumbens.

La nicotine que l'on respire va très vite au cerveau : elle met 7 secondes pour aller des lèvres au cerveau. Ainsi, une personne fumant 20 cigarettes par jour et prenant 15 bouffées par cigarette s'envoie 300 shoots de nicotine par jour. Une telle avalanche de shoots modifie le cerveau.

Sous les shoots répétés de nicotine, les récepteurs à la nicotine vont se multiplier, mais dans le même temps devenir de moins en moins sensibles : c'est la fuite en avant pour avoir toujours plus de nicotine durant les premières années de tabagisme. Chaque cigarette renforce la dépendance.

Après quelques années, la quantité de nicotine nécessaire à satisfaire les récepteurs se stabilise et le fumeur trouve sa consommation de croisière, qu'il garde le plus souvent toute sa vie. Un véritable centre du besoin de la nicotine a été créé par manipulation chimique du cerveau à côté du centre de la faim et de la soif.

Même s'il arrête de fumer durant plusieurs années, le fumeur retrouvera son niveau de besoin de nicotine s'il refume une cigarette.

La nicotine : une drogue dure !

La nicotine ne perturbe que peu la vie sociale, contrairement à d'autres substances psychoactives.

Le fumeur n'a pas d'ivresse au tabac.

On peut être fumeur et parfaitement inséré dans la société. On peut être fumeur et P-DG, ministre, chômeur ou SDF. Le tabac est une drogue sans action psychoactive désocialisante.

Cela n'empêche pas le tabac d'être une drogue dure. Le tabac est, avec la cocaïne et l'héroïne, l'une des trois drogues qui accrochent le plus (qui sont les plus « addictives »).

Il est plus difficile d'arrêter le tabac que d'arrêter le cannabis, l'ecstasy ou l'alcool.

Pourcentage de dépendance à différentes substances

Dépendance	Héroïne	Cocaïne	Alcool	Cannabis	Tabac
Absente	18 %	14 %	47 %	49 %	13 %
Faible	9 %	10 %	14 %	18 %	27 %
Moyenne	9 %	19 %	12 %	13 %	40 %
Forte	64 %	57 %	27 %	20 %	20 %

Dioxine, cadmium, nitrosamines & cie

La dioxine est présente en infime quantité dans la fumée de cigarette. Cette substance, à l'origine de toutes les directives européennes de gestion des matières dangereuses dites « Seveso », est toxique pour une prise quotidienne de millièmes, de millièmes de gramme depuis l'air, l'eau ou le lait. L'ensemble des cigarettes fumées en France libère dans l'atmosphère une quantité de dioxine voisine de celle des sites industriels classés Seveso. Malgré cela, certains portent encore la cigarette aux lèvres pour en aspirer la fumée !

Le cadmium est un métal lourd qui, entré dans le corps, met en moyenne soixante-dix ans pour en sortir : autant dire qu'il n'en sort pas. Les fumeurs ont parfois dans le sang des taux de cadmium qui rendraient inapte un ouvrier d'une usine polluante utilisant du cadmium ! Plus on arrête de fumer tôt, moins on en a accumulé, mieux c'est.

Les nitrosamines sont des cancérogènes présents dans le tabac, même si on ne le fait pas brûler. Elles sont incriminées en particulier dans les cancers de la bouche des Américains qui chiquent du tabac toute la journée.

Donnez du bon air à vos poumons, ils en réclament !

Autres composés

Plus de 4 000 composés sont identifiés dans la fumée du tabac, dont une soixantaine de cancérogènes et de nombreux toxiques.

- Les harmanes sont des substances qui ont probablement un effet « addictif » comme la nicotine. En effet, si la nicotine est le principal agent chimique de la fumée responsable de la dépendance, ce n'est pas le seul.
- Les acroléines sont de puissants irritants.
- Mercure, acide cyanhydrique et acétone sont présents à l'état de traces.
- On a accusé les cigarettiers de manipuler l'ammoniac de façon à augmenter l'absorption buccale de la nicotine.

Globalement, la composition de la fumée du tabac n'est pas très différente de celle de la combustion d'autres produits organiques, comme par exemple de l'essence des moteurs des voitures dont on essaie de diminuer les effets nocifs par des pots d'échappement catalytiques.

Le pot d'échappement de votre cigarette, ce sont vos poumons !

La cigarette roulée est encore plus toxique

La fumée dégagée par le tabac à rouler fait maintenant l'objet de contrôles systématiques depuis qu'une norme de préparation a été mise en place. On voit maintenant sur les paquets de tabac à rouler des concentrations de produits toxiques, en particulier de goudron, qui les rendent impropres à la consommation. En effet, il est interdit de vendre en Europe des cigarettes qui dégagent plus de 10 mg de goudron dans les machines à fumer réglées selon la norme. Le tabac à rouler mis sur le marché dégage jusqu'à entre 14 et 17 mg de goudron par cigarette fabriquée selon les normes. Il est très surprenant de voir que ces produits toxiques peuvent encore être sur le marché.

En France, le tabac à rouler a, en partie, échappé aux hausses des prix et les rattrapages sont insuffisants. C'est maintenant un mode de consommation important chez les jeunes. Près de 8 % du tabac vendu en France est du tabac à rouler.

Si on roule ses cigarettes à la main, on met un peu moins de tabac que dans une cigarette roulée industriellement, mais le tabac à rouler est en moyenne quatre fois plus toxique que celui des cigarettes industrielles. À l'arrivée, la cigarette roulée libère donc deux fois plus de toxiques qu'une cigarette industrielle.

Rouler, c'est se faire rouler encore plus !

Fausses solutions pour se protéger

- **Prendre des cigarettes pauvres en goudron et en nicotine.**
  Peine perdue : ces cigarettes sont légères pour les machines à fumer, mais pas pour le fumeur qui va boucher le filtre et tirer plus profondément sur la cigarette pour prendre la même dose de nicotine.

- **Réduire sa consommation de 30 à 10 cigarettes.**
  Peine perdue : en tirant plus sur sa cigarette, on peut prendre dix fois plus de nicotine. Réduire le nombre de cigarettes est illusoire.

- **Passer de la cigarette aux cigarillos.**
  S'il est vrai que les fumeurs exclusifs de cigares ont un excès de mortalité lié au tabac un peu moins important que les fumeurs de cigarettes, les fumeurs de cigarettes qui passent aux cigares les fument comme des cigarettes et encourent les mêmes risques que quand ils fumaient des cigarettes.

Toutes les formes de tabac tuent.
Rechercher un mode de fumer moins toxique est une illusion entretenue par les désinformateurs à la solde de l'industrie du tabac qui ont pour seul but de protéger un marché juteux.

L'image du tabac est en train de changer

Les efforts entrepris par l'industrie du tabac pour faire du statut de « fumeur » une norme sociale ont été considérables. Tout a été fait pour recruter de nouveaux fumeurs, de plus en plus jeunes :

- Ainsi, en 2003, on pouvait trouver en Espagne une publicité destinée aux jeunes : maintenant, en fumant les cigarettes F…, « vous offrez 0,7 % à une organisation humanitaire » ;
- Ainsi, les jeunes enfants indiens se brossent les dents avec un dentifrice à la nicotine destiné (soi-disant) à désinfecter les gencives et à blanchir les dents, mais qui, en fait, crée dès le plus jeune âge une dépendance. En effet, plus tôt on devient accroché à la nicotine, plus vite on sera dépendant. Si vous avez commencé à fumer à 15 ans, vous courez de forts risques d'être très accro à la nicotine.

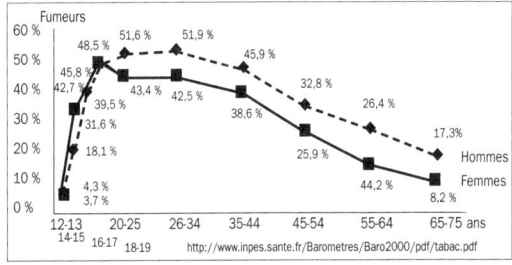

http://www.inpes.sante.fr/Barometres/Baro2000/pdf/tabac.pdf

Dès 45 ans, les ex-fumeurs sont majoritaires

L'INSEE a montré que depuis 2000, il y a plus d'ex-fumeurs que de fumeurs chez les hommes en France. La norme sociale n'est plus d'être fumeur, mais d'être non-fumeur ou ex-fumeur.

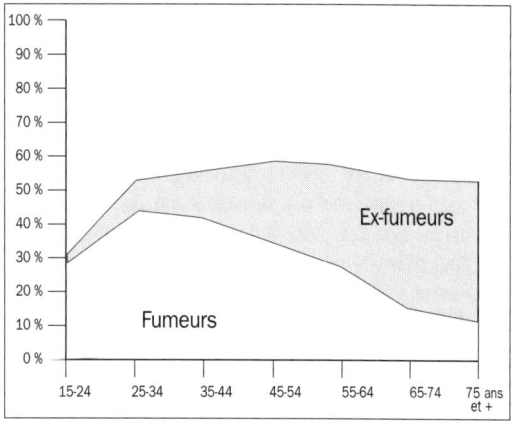

Chez la femme, selon les prévisions, le taux d'ex-fumeuses ne sera supérieur à celui des fumeuses que dans quelques années.

Le tabac n'est plus « classe »

Après l'invention des cigarettes en 1850, la consommation de tabac dans le monde est restée relativement confidentielle jusqu'en 1944. C'est après la guerre que la consommation a explosé avec le développement des grandes compagnies de tabac qui ont imposé une « norme "fumeur" ». La publicité a beaucoup investi pour imposer cette norme « fumeur », d'abord chez les hommes, puis chez les adolescents et chez les femmes.

Timidement d'abord, puis fortement dans les pays industrialisés, le tabac est en passe d'être « dénormalisé ». Les marques de tabac font moins recette, elles sont associées à la maladie, à la dépendance et à l'odeur du tabac froid et non plus aux grands espaces des cow-boys et à la liberté. La « norme » sociale n'est plus d'être fumeur. Alors qu'il y a trente ans il fallait être fumeur pour être admis dans le groupe et aller dans les clubs distingués, il est maintenant préférable d'être non-fumeur pour être intégré dans la société.

En effet, en société, le fait de fumer est de plus en plus ressenti comme une gêne : on ne peut plus fumer dans les avions, dans les trains, au travail, et peut-être les autres vous demandent-ils de ne pas fumer quand ils sont chez vous.

En bref, devenir non-fumeur va vous simplifier la vie en société !

Le tabac coûte de plus en plus cher

Les États, pour protéger la santé publique, suivent la recommandation de l'OMS d'augmenter de façon importante et répétée les taxes sur le tabac (en plus, c'est bon pour l'équilibre du budget).

Acheter 5 euros un paquet de cigarettes conduit à une dépense de 150 euros par mois, soit 1 800 euros par an. De quoi se payer deux semaines de vacances aux Seychelles !

Et vous, avez-vous déjà calculé combien vous coûte votre consommation de cigarettes ? Avez-vous pensé à ce que vous pourriez faire avec cet argent ?

Mes dépenses tabac	Mes projets alternatifs avec cet argent
En une semaine ?	
En un mois ?	
En un an ?	

Une industrie mondiale qui cherche son profit

L'industrie mondiale du tabac est une industrie superpuissante dont les budgets sont supérieurs à ceux de plus de 110 États de notre planète !

Dans de nombreux pays en voie de développement, il existe une corruption des décideurs. Les pays développés n'en sont pas exempts. Les partis politiques aux États-Unis, en Allemagne et dans beaucoup d'autres pays sont financés par l'industrie du tabac.

Au départ de l'usine, un tiers de la production mondiale n'est destinée à aucun pays (donc à la contrebande).

L'industrie poursuit ses efforts de désinformation dans les pays qui n'ont pas les moyens de répondre : ils ont payé des chercheurs durant des dizaines d'années pour dire que le tabagisme passif n'existe pas, ils font de fausses campagnes de prévention du tabagisme vers les jeunes qui disent : « Ne fumez pas, c'est un choix d'adulte » (comme les jeunes veulent être adultes, cela les pousse en fait à fumer), ils paient les stars pour fumer en public et dans les films (500 000 dollars pour Stallone pour fumer dans cinq films). S'ils paient ces sommes, c'est que cela leur rapporte au moins autant !

Ainsi, pour préserver son profit, l'industrie du tabac tuera prématurément 1 milliard d'individus au XXIe siècle. Échappez-vous dès maintenant de leurs griffes.

Effets respiratoires non cancérogènes

La fumée du tabac, bien plus que la pollution, est la principale cause d'agression de l'appareil respiratoire.

Sur les grosses bronches, une bouffée de cigarette paralyse les microcils qui les tapissent, quelques bouffées d'une cigarette et les glandes se mettent à sécréter davantage de mucus.

Les sécrétions sont abondantes et les microcils de moins en moins efficaces. La toux devient le moyen d'évacuer les sécrétions. Elle est particulièrement fréquente après une nuit ou lors d'un effort.

Le tabac anesthésie en partie les voies respiratoires en leur faisant accepter, sans tousser, un excès de crachats dans les bronches. Dès l'arrêt du tabac, la sensibilité des voies respiratoires est retrouvée, et beaucoup d'anciens fumeurs éprouvent une accentuation de la toux durant les quelques semaines où le poumon se nettoie de tous les polluants accumulés.

Sur les petites bronches, la fumée du tabac provoque une inflammation qui va progressivement les obstruer, provoquant la BPCO (broncho-pneumopathie chronique obstructive). L'atteinte de ces petites bronches s'associe à une dilatation irréversible des poumons que les médecins appellent l'« emphysème ».

Effets respiratoires cancérogènes

Les substances cancérogènes de la fumée vont provoquer différents types de cancers du poumon. Utiliser des filtres, des cigarettes pauvres en goudron ou ne fumer que la moitié de sa cigarette n'y change rien.

Tout ce que l'on fume est cancérogène.

La durée d'exposition à la fumée est le facteur majeur du risque respiratoire du tabac. Plus vous aurez fumé longtemps, plus le risque qui vous guette sera élevé.

Mais rassurez-vous, **en arrêtant de fumer**, votre risque de cancer diminuera, même si cette baisse est plus lente que les bénéfices cardiaques.

Le risque de cancer du poumon mettra quinze ans pour rejoindre un risque voisin de celui du non-fumeur mais, après cinq ans d'arrêt, le risque est déjà réduit de moitié.

En ce qui concerne la **perte du souffle**, on ne peut espérer de retour à la normale, mais on stoppe net l'inexorable aggravation du souffle de ceux qui continuent à fumer, insuffisance les conduisant au handicap respiratoire et à son lot de souffrances. La toux, après une phase d'aggravation, diminue, augmentant parfois considérablement le confort respiratoire. Quel que soit l'état actuel de vos poumons, qu'ils soient en très bon état ou déjà dégradés, il y a un grand bénéfice pour l'avenir à arrêter de fumer.

Effets cardiovasculaires du tabac

Le tabac altère le système cardio-vasculaire par différents mécanismes.

La fumée du tabac altère progressivement la paroi des artères, favorisant l'athérosclérose qui va rigidifier, puis rétrécir les artères. Le processus est long à s'installer, mais il cesse d'évoluer si l'on arrête de fumer. Ce rétrécissement des artères est responsable d'angines de poitrine, de douleurs à l'effort dans les jambes, de troubles du fonctionnement du cerveau. Les causes de cette athérosclérose sont multiples, le tabac étant, à côté du cholestérol et des autres troubles lipidiques, ainsi que du diabète, de l'hypertension artérielle et du stress, un des facteurs de risque.

La fumée du tabac par le CO qu'elle contient prive le sang d'oxygène, elle touche alors tous les organes. À l'arrêt du tabac, la récupération est immédiate. Dès le lendemain de l'arrêt, l'organisme est lavé du CO qu'il contenait : c'est un bénéfice ultrarapide de l'arrêt du tabac.

La fumée du tabac provoque des spasmes des artères et la thrombose, qui obstrue les artères et provoque la gangrène des pieds, l'infarctus du myocarde ou des accidents vasculaires cérébraux avec hémiplégie, coma, cécité ou autres troubles. Ce risque s'installe et disparaît très vite.

Effets cardiovasculaires : bénéfice de l'arrêt

Contrairement aux effets respiratoires, les bénéfices de l'arrêt du tabac sont très rapides. Dès la semaine qui suit l'arrêt, le risque d'infarctus ou d'accident vasculaire cérébral s'effondre.

Les bénéfices immédiats de l'arrêt du tabac ont été ainsi confirmés l'an dernier dans un canton américain où le tabagisme a été prohibé durant six mois. Bilan : dès le premier mois et durant six mois, baisse de 40 % des décès par infarctus du myocarde. Un taux qui, malheureusement, reviendra au risque antérieur à l'arrêt de la mesure. Une étude sur toute une province italienne montre une baisse de 11 % des admissions pour infarctus dans les cinq mois qui suivent la mesure.

Moins d'une semaine après l'arrêt du tabac, le pouls se normalise, le cœur est bien oxygéné car totalement débarrassé du CO.
Le risque d'accident vasculaire cérébral ou d'infarctus est grandement diminué.
Le bénéfice est tellement important que l'Agence du médicament français, qui avait jusqu'en 2003 une certaine réticence à l'utilisation des substituts nicotiniques juste après un infarctus du myocarde, en fait maintenant une indication.

Effets sexuels chez l'homme

La fumée du tabac a des effets sur les fonctions sexuelles et reproductrices de l'homme et de la femme.

On retrouve 80 % de fumeurs chez les hommes atteints d'impuissance d'origine vasculaire. L'impuissance liée au tabagisme est un fait bien établi. Les avertissements sanitaires inscrits sur les paquets de cigarettes s'en font l'écho, lisez-les.

Le nombre des spermatozoïdes produits est diminué et la qualité du sperme est moins bonne chez les fumeurs. Les spermatozoïdes présentent plus d'anomalies, moins de mobilité, ce qui explique une moindre fertilité du fumeur.

Il existe, par ailleurs, des mutations dans les chromosomes qui seront transmis à l'enfant à naître, ce qui explique le léger excès de leucémie et de cancer du jeune enfant conçu par un père fumeur au moment de la conception.

Avoir le projet de concevoir un enfant est un merveilleux motif pour l'homme pour arrêter de fumer.

Les héros ne fument plus !

Effets sur la reproduction chez la femme

Chez la femme, la fumée du tabac diminue la fertilité. Cette diminution de la fertilité a été particulièrement étudiée chez les mères devant avoir recours à la fécondation in vitro (FIV) : il existe quatre fois moins de chances de succès d'une implantation chez la femme qui fume !

Avoir le projet de concevoir un enfant est une merveilleuse raison pour arrêter de fumer chez la femme, comme chez l'homme !

De plus, si la femme continue de fumer durant les premiers mois de grossesse, il existe un risque accru de malformations du type bec de lièvre. Mais le risque maximal est rencontré si la femme continue de fumer après la fin du troisième mois. L'enfant sera en permanence intoxiqué par le monoxyde de carbone présent dans la fumée de cigarette. Ce gaz l'asphyxie. Le bébé à naître sera d'un poids faible.

Ce serait vraiment un mauvais cadeau de naissance que de se remettre à fumer après la naissance !

Tabac et pilule font mauvais ménage. L'association des deux augmente le risque d'accident vasculaire cérébral, qui accroît avec l'âge.

Effets digestifs et urinaires du tabac

La fumée du tabac exerce également ses effets toxiques **sur l'appareil digestif**. Elle attaque les dents, la langue et les voies digestives. Elle irrite l'œsophage, provoquant œsophagite et excès de cancer. Elle agit également sur l'estomac, provoquant gastrite et ulcère.

La fumée du tabac augmente également le risque de cancer du pancréas.

La nicotine a un effet sur le tube digestif, l'intestin grêle et le côlon en modifiant la motricité intestinale.

Sur le rein, la fumée du tabac augmente le risque de cancer.

Dans la vessie, les produits toxiques du tabac qui ont été filtrés du sang vers l'urine sont stockés entre deux mictions.

La longue stagnation des produits toxiques dans la vessie explique que plus d'un tiers des cancers de la vessie soient liés au tabac.

Tous les recoins de l'organisme sont touchés par la fumée, malgré les efforts de votre corps pour les éliminer.

Effets du tabac sur les infections

Les fumeurs ont plus de globules blancs dans le sang que les non-fumeurs et plus de macrophages dans les alvéoles pulmonaires, mais ils se défendent moins bien contre les infections. Les bactéries adhèrent de façon excessive sur les muqueuses altérées par les toxiques du tabac. Les moyens de défense contre les infections fonctionnent mal.

Ainsi, les fumeurs ont deux à trois fois plus de pneumonies, de pneumonies à pneumocoque, de légionelloses pulmonaires ou autres infections respiratoires que les non-fumeurs.

Le risque de tuberculose est plus que doublé chez les fumeurs, ainsi que le risque d'en mourir.

Le tabac est également responsable d'un triplement du risque d'infection de la cicatrice. Si vous devez être opéré, sachez qu'arrêter de fumer 6 à 8 semaines avant l'intervention et durant toute la phase de cicatrisation supprime les risques liés au tabagisme péri-opératoire.

Le tabac est aussi responsable d'un excès d'autres infections comme la méningite à méningocoque.

En fumant, vous forcez votre système immunitaire à faire des heures supplémentaires.

Avertissements sanitaires

Dans tous les pays européens sont apparus des avertissements sanitaires inscrits en grosses lettres noires sur fond blanc qui résument certains effets du tabac.

D'un côté, il est indiqué « Le tabac tue » ou « Fumer nuit gravement à votre santé et à celle de votre entourage », de l'autre côté est porté un des 14 avertissements ci-contre.

Ces avertissements ont contribué à changer l'image du tabac en France. Même de nombreux buralistes se sont trouvés gênés de lire noir sur blanc des vérités qu'ils connaissaient de façon confuse mais dont ils n'avaient pas toujours bien conscience. Les pays européens remplacent progressivement ces avertissements par des photos, encore plus parlantes.

Lisez attentivement tous ces avertissements. Ils sont tous malheureusement vrais. Comme le dit la publicité :

« Vous ne mangeriez pas ce que vous fumez ! »

Apprenez ces avertissements, chaque jour gardez-en un en tête pour vous le remémorer quand une pulsion à fumer viendra stimuler votre cerveau.

Les 14 avertissements sanitaires européens

- Les fumeurs meurent prématurément
- Fumer bouche les artères et provoque des crises cardiaques et des attaques cérébrales
- Fumer provoque le cancer mortel du poumon
- Fumer pendant la grossesse nuit à la santé de votre enfant
- Protégez les enfants : ne leur faites pas respirer votre fumée
- Votre médecin ou votre pharmacien peuvent vous aider à arrêter de fumer
- Fumer crée une forte dépendance, ne commencez pas
- Arrêter de fumer réduit les risques de maladies cardiaques et pulmonaires
- Fumer peut entraîner une mort lente et douloureuse
- Faites-vous aider pour arrêter de fumer : téléphonez au 0825 309 310
- Fumer peut diminuer l'afflux sanguin et provoque l'impuissance
- Fumer provoque un vieillissement de la peau
- Fumer peut nuire aux spermatozoïdes et réduit la fertilité
- La fumée contient du benzène, des nitrosamines, du formaldéhyde et du cyanure d'hydrogène

La fumée du tabac dans l'environnement

Nous passons en moyenne plus de 80 % de notre temps à l'intérieur de locaux où la fumée de tabac est la principale source de pollution de l'air que nous respirons.

Si les preuves indiscutables de la nocivité de la fumée du tabac pour les fumeurs sont établies depuis plus de quarante ans, les certitudes scientifiques concernant les effets du tabagisme passif n'ont définitivement été établies que ces dernières années.

Les 3 trois fumées du tabac ont des concentrations très différentes en produits toxiques.

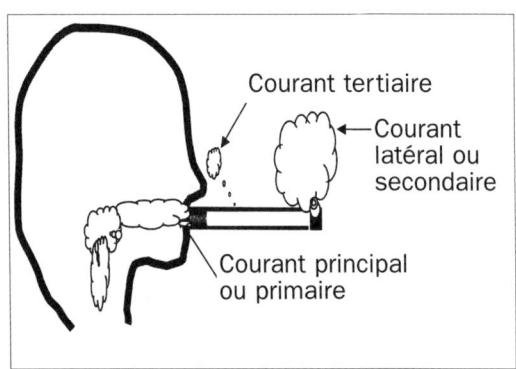

Composition de la fumée latérale

La composition de la fumée du tabac dépend de l'apport en oxygène et de la température de combustion.

Quand le fumeur tire sur sa cigarette (courant primaire), la température dépasse 850 °C et l'apport en oxygène est élevé. Un milliard de particules de 0,3 millièmes de millimètres sont inhalées par le fumeur.

C'est le fumeur de chicha (narguilé) qui s'intoxique le plus, chaque bouffée de chicha apportant autant de fumée qu'une cigarette entière.

Quand la cigarette se consume dans un cendrier (courant secondaire), la température baisse et l'apport en oxygène est faible : 5 milliards de particules de 0,1 millième de millimètre sont libérées dans la pièce !

La fumée du tabac du courant secondaire de la cigarette, qui est inhalée par l'entourage du fumeur, est ainsi plus riche en monoxyde de carbone, en goudron et en composés imbrûlés que celle qu'inhale le fumeur.

Le fumeur fait respirer aux autres une fumée plus toxique que celle qu'il inhale directement !

L'exposition au tabagisme passif

La fumée du courant latéral est très diluée, mais le temps d'exposition dans une vie de non-fumeur est parfois important, si l'on est enfumé à son domicile ou au travail. Les fumeurs sont encore plus souvent exposés à la fumée secondaire que les non-fumeurs : le fumeur est un pollueur pollué. Lors de l'effort, le volume d'air inspiré augmente et il est particulièrement important d'être protégé de la fumée. Selon la base de données européenne Carex, la fumée du tabac est le cancérogène respiratoire auquel le plus grand nombre de travailleurs sont exposés : en France, 1 156 000 employés inhalent la fumée des autres pendant plus des trois quarts du temps de travail.

Gêne liée à la fumée des autres

Selon une enquête de l'INPES, les trois quarts des non-fumeurs se plaignent d'être exposés à la fumée des autres. On relève dans cette même enquête que les deux tiers des fumeurs occasionnels et un tiers des fumeurs réguliers ayant une consommation de plus de 20 cigarettes par jour se déclarent également gênés par la fumée des autres. Les Français veulent respirer une atmosphère saine, c'est pour cela que 86 % d'entre eux choisissaient un billet non-fumeur quand ils réservaient une place dans le TGV avant que la SNCF ne supprime les places fumeurs qui rebutaient même les fumeurs.

Principaux effets du tabagisme passif

La fumée du tabac provoque 3 000 morts prématurées par an chez des non-fumeurs en France. Certains estiment que ce chiffre s'élève à 6 000 si l'on prend également en compte l'exposition passive des fumeurs dans les pièces ou les véhicules dans lesquels ils fument.

Chez le jeune enfant, le tabagisme passif fait plus que doubler le risque de mort subite du nourrisson et augmente l'incidence des bronchites, otites, gastro-entérites et crises d'asthme.

Chez la femme enceinte exposée à la fumée des autres, la fumée du tabac modifie le développement du fœtus. Une cigarette par jour, c'est 10 à 30 g de bébé en moins à la naissance !

Chez les sujets coronariens, qui doivent éviter les espaces enfumés et tout effort après exposition à la fumée du tabac, on compte 2 500 morts prématurées par an : ils paient le plus lourd tribut au tabagisme passif.

Chez les malades porteurs de maladies respiratoires chroniques telles que asthme, mucoviscidose et BPCO, le tabagisme passif peut être source de décompensation.

Chez toute personne, la fumée du tabac irrite les yeux, donne mal à la tête, fatigue, picote le nez.

Les dépendances au tabac

Il n'existe pas un mécanisme unique de la dépendance au tabac, mais différents mécanismes de dépendance qui s'entrelacent.

L'environnement social joue un rôle important dans l'initiation, la poursuite et l'arrêt.

La dépendance nicotinique est la principale cause de la dépendance. Le test de Fagerström permet de la chiffrer (page 49). Si vous ressentez le besoin de fumer dans l'heure qui suit votre lever, c'est que vous êtes très probablement dépendant de la nicotine.

La dépendance comportementale est liée à l'ancrage profond du tabagisme dans votre comportement. Que vous ayez fumé 1 000, 10 000, 100 000 cigarettes ou plus, cela est maintenant imprimé profondément dans votre comportement.

La gestuelle est l'une des composantes de la dépendance comportementale. Elle est le plus souvent surestimée par le fumeur.

Environnement social

Le fait de fumer est lié à l'époque et au milieu social. Il est frappant de voir que le comportement de chacun à l'égard du tabac dépend de l'appartenance à un groupe social.

Après la dernière guerre, ce sont les hommes des milieux cultivés qui ont commencé à fumer plus que tous les autres. Cette même catégorie est maintenant celle qui s'arrête le plus.

Les personnes de milieux défavorisés qui ont commencé à fumer plus tard sont les plus représentées chez les hommes fumeurs.

Chez les femmes, le tabagisme est maintenant à son apogée dans toutes les classes sociales. Au Japon, les femmes ne fument pratiquement pas, alors que plus de 60 % des hommes fument. Ainsi, chacun suit son groupe.

Le fait que, depuis mai 2001, les Français s'arrêtent massivement de fumer constitue une formidable chance pour ceux qui s'arrêtent maintenant.

Il est beaucoup plus facile de s'arrêter de fumer dans une société qui considère que ne pas fumer est un comportement normal, que c'est la « norme sociale » ; cela devient le cas dans les sociétés européennes, en particulier dans la société française.

Les murs parlent tabac

L'environnement dans lequel on vit joue un rôle important dans le besoin de fumer. Beaucoup de fumeurs, peut-être vous, allument une cigarette dès qu'ils entrent dans leur voiture, dans une pièce particulière, voire quand ils décrochent le téléphone.

Récemment, on a observé la baisse du désir de tabac dans les avions. Quand il est devenu interdit d'y fumer, les premiers mois, les fumeurs étaient très perturbés ; après quelques mois, l'envie de fumer a beaucoup diminué. Dans des locaux non-fumeurs, le fumeur a peu envie de fumer.

Ces faits sont même établis chez les animaux de laboratoire. Des chercheurs ont partagé un lot de rats en deux : un lot de rats a consommé de la nicotine dans la cage où ils se reposaient, d'autres dans la cage où ils étaient placés quelques heures par jour pour « travailler ». Les deux groupes d'animaux sont devenus, en quelques semaines, dépendants à la nicotine.

Après avoir gavé des animaux de nicotine, tous sont placés dans la cage de travail : ceux qui consomment de la nicotine de façon habituelle dans cette cage se précipitent pour en prendre, ceux qui n'ont jamais consommé de nicotine dans cette cage n'éprouvent pas d'intérêt pour elle.

L'interdiction : une chance pour les fumeurs

L'interdiction de fumer dans les locaux au 1er février 2007 et 1er janvier 2008 pour les cafés, les restaurants et les discothèques est une chance pour les fumeurs. Ceux qui ne peuvent ou ne veulent pas arrêter de fumer vont fumer moins et la norme sociale redeviendra ce qu'elle est naturellement : une norme non-fumeur, ce qui pourra aider un jour le fumeur à arrêter de fumer. Beaucoup de fumeurs saisissent la chance qui leur est donnée : « Mon lieu de travail est maintenant non-fumeurs, c'est bien, c'est ce qui m'a décidé à arrêter, cela m'aide maintenant à rester non-fumeur. » Ce bénéfice pour le bien-être et la santé des fumeurs est retrouvé à l'échelon des pays passés non-fumeurs : la consommation de tabac baisse de 6 à 8 % et les fumeurs, parfois très effrayés avant que la mesure ne soit prise, trouvent finalement que c'est plus agréable pour tout le monde. Les lois de protection des non-fumeurs sauvent massivement des vies de fumeurs, qui, ne l'oublions pas, sont les premières victimes du tabagisme passif et les seules victimes du tabagisme actif.

De façon intéressante, ces interdictions, loin de renforcer le tabagisme dans les lieux clos privés, conduisent beaucoup de familles à édicter des règles : à la maison, on ne fume plus que dans telle pièce ou on ne fume plus que sur le balcon.

N'hésitez pas à déclarer votre maison non-fumeurs.

La gestuelle souvent surestimée

Si on interroge les fumeurs sur les motifs de leur tabagisme, presque tous soulignent leur attachement à la gestuelle du tabac. Ils associent le fait de fumer à leur façon de se présenter et de se comporter en public.

Les fumeurs sont surpris de voir à quel point, avec une substitution nicotinique ou un médicament approprié, l'importance de la gestuelle diminue. Ainsi, à l'hôpital, de nombreux fumeurs reçoivent des substituts nicotiniques non pas parce qu'ils ont décidé d'arrêter définitivement de fumer, mais juste parce qu'il est interdit de fumer à l'hôpital et que les médecins et les infirmières veulent éviter aux gros fumeurs un sevrage brutal et son lot d'inconforts.

Changer sa gestuelle avant un arrêt du tabac est cependant recommandé : dans la période où l'on se prépare à l'arrêt, changer les cigarettes de poche, ne plus fumer dans certains lieux, ne fumer que debout, ne plus fumer en prenant sa voiture, utiliser un briquet et non des allumettes, etc. sont autant de techniques qui vous aideront. Il faut casser les habitudes, se déconditionner, empêcher la prise de cigarette automatique.

La gestuelle du tabac existe, mais ce n'est pas elle qui freine le plus l'arrêt.

Êtes-vous dépendant (test de Fagerström) ?

1. **Combien de temps après votre réveil fumez-vous votre première cigarette ?**
   - Dans les 5 premières minutes ☐ 3
   - Entre 6 et 30 minutes ☒ 2
   - Entre 31 et 60 minutes ☐ 1
   - Après 60 minutes ☐ 0

2. **Trouvez-vous difficile de s'abstenir de fumer dans les endroits où c'est interdit ?**
   - Oui ☐ 1
   - Non ☒ 0

3. **À quelle cigarette de la journée vous sera-t-il le plus difficile de renoncer ?**
   - La première le matin ☐ 1
   - N'importe quelle autre ☒ 0

4. **Combien de cigarettes fumez-vous par jour ?**
   - 10 ou moins ☐ 0
   - 11 à 20 ☒ 1
   - 21 à 30 ☐ 2
   - 31 ou plus ☐ 3

5. **Fumez-vous à un rythme plus soutenu le matin que l'après-midi ?**
   - Oui ☐ 1
   - Non ☒ 0

6. **Fumez-vous lorsque vous êtes malade et que vous devez rester au lit presque toute la journée ?**
   - Oui ☒ 1
   - Non ☐ 0

Interprétation du test de Fagerström

Mon score est de ☐

Le test de dépendance à la nicotine ou test de Fagerström permet de connaître votre dépendance :

0 à 2 : Vous n'êtes pas dépendant à la nicotine.
Vous pouvez arrêter de fumer sans avoir besoin de substituts nicotiniques.

3 à 4 : Vous êtes faiblement dépendant à la nicotine.

5 à 6 : Vous êtes moyennement dépendant à la nicotine.
L'utilisation de substituts nicotiniques va augmenter vos chances de succès.

7 à 10 : Vous êtes fortement ou très fortement dépendant à la nicotine.
Les traitements pharmacologiques sont recommandés. Ces traitements doivent être utilisés à dose suffisante et adaptée.

Hésitants : pesez le pour et le contre

Si vous êtes encore hésitant avant d'arrêter de fumer, il est important de prendre le temps d'ancrer votre décision.

Pour ancrer votre décision, analysez bien les facteurs qui vous conduisent à fumer et ceux qui vous conduisent maintenant à vouloir arrêter de fumer. Ne masquez pas les avantages du tabac que vous trouvez ou avez trouvés dans le passé. Il est important de ne pas les nier afin de mieux combattre votre tabagisme.

L'un des moyens, que beaucoup de fumeurs ont expérimenté, est de prendre une feuille de papier et de noter dans la colonne de gauche tous les avantages à continuer de fumer et, à droite, tous les inconvénients à continuer de fumer.

Vous verrez, la liste de droite sera probablement la plus longue.

N'hésitez pas à faire part à vos proches du résultat de votre bilan « pour/contre le tabac ». En parler avec votre médecin, votre pharmacien et votre entourage vous permettra de mieux ancrer votre décision et d'avoir plus de certitudes sur votre désir d'arrêt, ce qui est important si un jour la cigarette vous tente à nouveau.

Fumer : avantages et inconvénients

Avantages	Inconvénients

Nourrissez-vous de vos échecs antérieurs

Si, comme beaucoup de fumeurs, vous avez déjà plus ou moins sérieusement arrêté de fumer, il est important de revivre ses échecs antérieurs afin d'en tirer toutes les informations pour, cette fois-ci, mieux éviter les obstacles. Si vous avez arrêté de fumer pendant plus de trois mois et que vous n'aviez plus d'aide, une reprise du tabac doit être considérée comme une rechute.

Les rechutes après trois mois sont indépendantes des méthodes d'arrêt. Une telle reprise ne doit pas être considérée comme un échec de votre arrêt. Il faut seulement identifier ce qui vous a conduit à reprendre afin d'anticiper la prochaine fois ces situations.

Si, à l'inverse, l'échec a été précoce, par exemple dans les trois premiers mois de l'arrêt, il faut analyser l'arrêt, car si vous avez déjà essayé de vous arrêter et n'avez pas réussi, vos tentatives antérieures ont probablement échoué pour des raisons que vous pouvez identifier.

Quoi qu'il en soit, il ne faut pas considérer ces tentatives comme des échecs. Presque tous les anciens fumeurs ont essayé plusieurs fois d'arrêter avant de réussir. Vous êtes sur la bonne voie, vous avez perdu une bataille, mais vous n'avez pas perdu votre guerre contre le tabac.

Vous êtes décidé à arrêter...

Bien que vous ne niez pas ce que le tabac vous a apporté dans le passé, tous les aspects positifs ne pèsent pas lourd à côté de votre désir maintenant fort de vous débarrasser une fois pour toutes de ce fardeau qui vous brûle les poumons et vous pollue tout le corps.

Fumer uniquement pour calmer un manque lié à la dépendance va vous demander, pour un temps, un effort pour passer de l'état de fumeur à celui de non-fumeur, mais bientôt, vous serez « naturellement » non-fumeur.

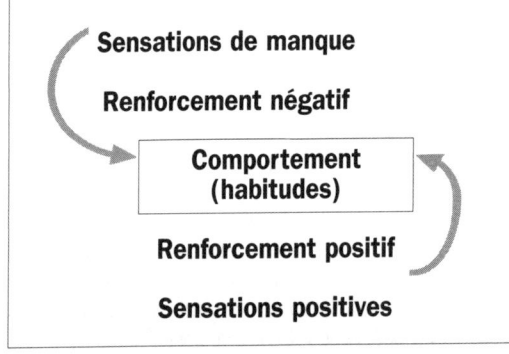

Les pics de nicotine poussent à fumer

Le fumeur chronique a un taux de nicotine dans le sang et le cerveau qui lui apporte un niveau de satisfaction. S'il est en dessous de ce taux, il éprouve un manque qui le conduit à reprendre une cigarette.

Chaque cigarette donne un pic de nicotine qui dépasse de beaucoup le niveau de satisfaction. Ces shoots de nicotine favorisent la synthèse de nouveaux récepteurs nicotiniques et leur désensibilisation, augmentant la soif de reprendre de la nicotine.

La plupart des cigarettes ne sont pas fumées par plaisir, mais pour éviter le déplaisir d'être en manque de nicotine, ressenti par le cerveau modifié par les shoots répétés de nicotine.

Concentration de nicotine dans le sang

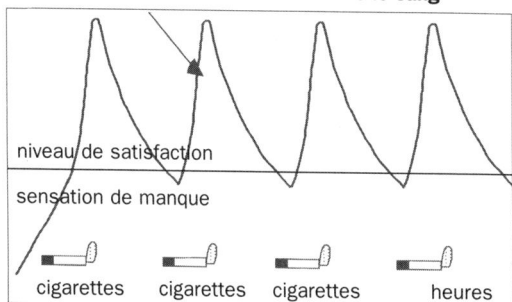

Fixer une date

Fixer une date d'arrêt est un élément essentiel de l'arrêt du tabac.

Il faut fixer une date.

Cette date peut être une date fonctionnelle, comme le 1er janvier ou le 1er septembre, les deux dates les plus choisies pour l'arrêt, mais la Saint-Valentin, la date d'anniversaire d'un proche, un départ en vacances sont autant de dates possibles.

Ma date d'arrêt est le

Notez cette date sur votre agenda.

J'ai fixé une date et me prépare à l'arrêt 57

Ma date d'arrêt

Janv	Fév	Mars	Avril	Mai	Juin	Juil	Août	Sept	Oct	Nov	Déc
1	1	1	1	1	1	1	1	1	1	1	1
2	2	2	2	2	2	2	2	2	2	2	2
3	3	3	3	3	3	3	3	3	3	3	3
4	4	4	4	4	4	4	4	4	4	4	4
5	5	5	5	5	5	5	5	5	5	5	5
6	6	6	6	6	6	6	6	6	6	6	6
7	7	7	7	7	7	7	7	7	7	7	7
8	8	8	8	8	8	8	8	8	8	8	8
9	9	9	9	9	9	9	9	9	9	9	9
10	10	10	10	10	10	10	10	10	10	10	10
11	11	11	11	11	11	11	11	11	11	11	11
12	12	12	12	12	12	12	12	12	12	12	12
13	13	13	13	13	13	13	13	13	13	13	13
14	14	14	14	14	14	14	14	14	14	14	14
15	15	15	15	15	15	15	15	15	15	15	15
16	16	16	16	16	16	16	16	16	16	16	16
17	17	17	17	17	17	17	17	17	17	17	17
18	18	18	18	18	18	18	18	18	18	18	18
19	19	19	19	19	19	19	19	19	19	19	19
20	20	20	20	20	20	20	20	20	20	20	20
21	21	21	21	21	21	21	21	21	21	21	21
22	22	22	22	22	22	22	22	22	22	22	22
23	23	23	23	23	23	23	23	23	23	23	23
24	24	24	24	24	24	24	24	24	24	24	24
25	25	25	25	25	25	25	25	25	25	25	25
26	26	26	26	26	26	26	26	26	26	26	26
27	27	27	27	27	27	27	27	27	27	27	27
28	28	28	28	28	28	28	28	28	28	28	28
29	29	29	29	29	29	29	29	29	29	29	29
30		30	30	30	30	30	30	30	30	30	30
31		31		31		31	31		31		31

Se préparer à l'arrêt avant sa date

Dans le délai qui sépare la prise de décision de la date d'arrêt et l'arrêt effectif, il est important de se préparer à l'arrêt.

Remémorez-vous régulièrement vos bonnes raisons d'arrêter.

Imaginez comment vous vivrez tous les moments de la vie sans cigarettes après le jour de l'arrêt. À chaque occasion qui vous fait allumer une cigarette, imaginez comment vous vous comporterez sans, en téléphonant, dans la voiture, après le dîner.

Éventuellement, testez les formes orales de substituts nicotiniques pour trouver celle qui a le meilleur goût, qui est le plus facile à prendre pour vous (il en existe maintenant plus d'une douzaine de formes).

Donnez-vous quelques interdits : vous ne fumerez plus dans telle pièce ou dans la voiture, par exemple.

Organisez l'arrêt avant sa date

Organisez un surplus d'activité physique : faites du sport ou simplement marchez, montez les escaliers au lieu de prendre l'ascenseur, etc. Êtes vous sûr qu'actuellement vous marchez une demi-heure par jour ?

Observez ce que vous mangez, ce que vous buvez afin de pouvoir mieux réorganiser votre alimentation quand vous arrêterez de fumer :

Cassez vos habitudes : changez l'endroit où vous rangez vos cigarettes ou trouvez d'autres trucs pour que chaque cigarette que vous fumerez soit bien consciente, pour qu'aucune ne soit prise de façon totalement automatique. Vous pouvez, par exemple, changer de marque de cigarettes, troquer le briquet pour les allumettes, ou vice versa, ne plus fumer assis à votre bureau mais vous lever, ne pas fumer en téléphonant.

Parlez de votre arrêt autour de vous, mais ne cherchez pas à ce que les autres décident pour vous : il faut seulement qu'ils soient là pour vous aider. Faites-vous des amis ou au moins des « non-ennemis » de votre arrêt, ce qui n'est parfois pas une mince affaire si vous êtes dans un cercle de fumeurs.

Changez vos habitudes de fumeur

Des centaines d'habitudes sont associées à votre tabagisme.

Durant le temps qui précède votre arrêt, essayez de les décoder une à une et de trouver un substitut à chacune d'entre elles.

Que ferez-vous après le café du matin au moment où vous allumiez votre cigarette ?

Que ferez-vous dans votre voiture si vous allumiez une cigarette en démarrant ?

Que ferez-vous lors de votre pause, au travail, alors que, jusqu'à maintenant, vous alliez avec les collègues en fumer une ?

Que ferez-vous après le repas de midi à l'heure où la cigarette vous procurait tant de plaisir ?

Que ferez-vous le soir à la fin d'un repas entre amis, quand vous aurez bu avec eux du bon vin ?

Que ferez-vous si vous avez un creux dans la journée ? Pensez à prendre une bouteille d'eau, une pomme ou des bonbons sans sucre.

Que ferez-vous quand quelqu'un vous aura énervé alors qu'avant vous sortiez en fumer une ? Vous sortirez quand même ? Vous ferez le tour du pâté de maison ? Vous boxerez un punching-ball ? Vous lirez une page de poésie ?

Imaginez-vous non-fumeur

Il est important que vous vous construisiez « votre » monde sans tabac afin d'anticiper tout ce qui va vous arriver quand vous serez non-fumeur.

Quand vous serez non-fumeur...

- Vous vous organiserez pour ne pas manger en dehors des repas.
- Vous ne resterez pas à traîner le dimanche à table à la fin du repas.
- Si vous sortez en soirée, vous ne vous mettrez pas au même endroit que la dernière fois, mais à un endroit moins enfumé de la boîte de nuit.
- Quand vous irez au restaurant, vous éviterez les « fumoirs ».
- Quand vous conduirez, vous aurez des chewing-gums sans sucre à portée de main, et non vos cigarettes.
- Quand l'un de vos amis vous proposera une cigarette, vous lui répondrez : « Non, je ne fume plus. »
- Dans toutes les situations, vous aurez des formes orales de substitution nicotinique à portée de main... au cas où !
- Etc.

Comprenez les raisons
de la prise de poids à l'arrêt

Arrêter de fumer, le plus souvent, conduit à prendre du poids. Cette prise de poids a deux origines :

Un changement des habitudes alimentaires, avec une boulimie particulièrement évidente si on est mal pris en charge durant son arrêt. Grignotement permanent, appétit particulier pour les fromages et les graisses et grignotage continuel peuvent accroître de façon importante les apports caloriques et ainsi conduire à une prise de poids.

Une modification du métabolisme : en fait, c'est le tabac qui perturbe le métabolisme, augmentant le catabolisme. En arrêtant de fumer, on retrouve un métabolisme normal et un poids normal pour sa taille (on peut mesurer cette adéquation du poids à la taille par l'index de masse corporelle ou IMC).

Pour garder sa ligne à l'arrêt du tabac, il faut être correctement pris en charge pour avoir le minimum d'effets secondaires et donc éviter le grignotage, réorienter ses apports alimentaires vers les protides et augmenter son activité physique.

Variation de l'indice de masse corporelle

L'étude de l'IMC d'une large population étudiée à deux reprises montre qu'en arrêtant de fumer, le fumeur retrouve le poids moyen des non-fumeurs.

(IMC = poids divisé par la taille au carré)

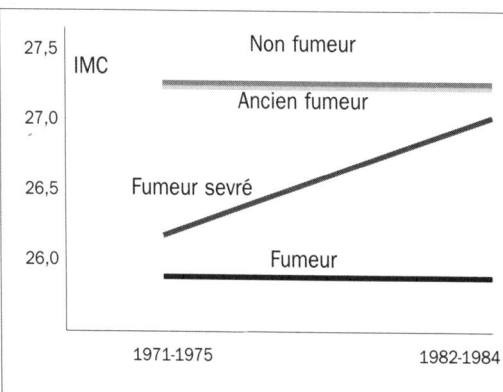

Source : d'après Williamson DE et al. N Engl J Med 1991 ; 324 (11) : 739-45

Fixez vos exigences en termes de poids

Le poids est l'angoisse du siècle. Parfois non justifié, l'IMC est bas ou normal, mais il est parfois justifié du fait d'une surcharge pondérale initiale.

IMC = poids / taille^2

Par exemple : $\dfrac{70 \text{ kg}}{1{,}70 \times 1{,}70} = 24$ de IMC

- Si l'IMC est inférieur à 19,
  il y a maigreur excessive sur le plan médical.
- Si l'IMC est compris entre 19 et 25,
  on est dans la zone normale.
- Si l'IMC est supérieur à 25,
  il y a surcharge pondérale.

Les femmes, surtout les plus jeunes, ont parfois l'exigence de ne pas prendre un gramme même si leur IMC initial est faible. Les hommes, en particulier après 40 ans, acceptent de prendre 2 ou 3 kg durant un temps. Le plus important, c'est de se fixer ses limites, de façon à ne pas tomber des nues si une surcharge pondérale survient. Tout est possible, mais l'exigence d'une absence totale de prise de poids nécessitera parfois des efforts supplémentaires.

Avertissez les autres

On commence à fumer en groupe avec les copains ou, pour les plus anciens, en famille ; de la même façon, on peut arrêter de fumer avec les amis ou l'entourage familial.

Quelques fumeurs préfèrent garder le secret sur leur sevrage jusqu'au plaisir d'annoncer à leurs proches qui les questionnent : « Mais ça fait dix jours que je ne fume plus ! »

La plupart des fumeurs préfèrent, avec raison, prévenir leur entourage, au travail et en famille, en particulier tous ceux qui pourraient les aider, qu'ils n'aient jamais fumé, qu'ils soient d'anciens fumeurs ou qu'ils continuent à fumer.

L'une des solutions est d'arrêter de fumer à plusieurs. Cela fonctionne particulièrement bien avec les collègues de travail. Au domicile, dans les couples, il est en revanche plus rare que l'arrêt soit simultané, mais il est souvent « coordonné », l'un attendant de voir si l'autre y arrive avant de se lancer. Quelle que soit votre réponse finale, il est important d'au moins se poser la question.

Les méthodes

Il existe de nombreuses techniques pour vous aider à arrêter de fumer, mais pas de méthode miracle. C'est à vous de construire, seul ou avec un médecin ou un pharmacien, votre méthode « en kit », en piochant dans les différents outils à votre disposition.

Méthodes reconnues
- Substituts nicotiniques :
    - patchs ;
    - gommes ;
    - pastilles à sucer ou sublinguales ;
    - inhaleurs.
- Bupropion (Zyban®).
- Varénicline (Champix®).
- Thérapies cognitives et comportementales.
- Autres psychothérapies.

Méthodes non reconnues meilleures que le placebo
- Acupuncture, auriculothérapie, laser.
- Homéopathie, aromathérapie, phytothérapie.
- Hypnose.

Arnaques
- De nombreuses manières de perdre vos euros.

Les substituts nicotiniques

Il existe de nombreux substituts nicotiniques disponibles.

Les formes nasales ne sont pas disponibles en France.
Les patchs sont de différents types :
Durée d'utilisation : 16 h/24 h ou 24 h/24 h ;
Dose : 5, 10, 15 mg pour les 16 heures ;
7, 14, 21 mg pour les 24 heures.

Les gommes nicotiniques à 2 ou 4 mg ont différents parfums. Les doses indiquées ici ne sont pas les doses délivrées mais les doses comprises dans les gommes.

Les comprimés sublinguaux fondent lentement sous la langue.

Les comprimés dragéifiés à sucer se dissolvent progressivement dans la bouche.

Les inhaleurs permettent d'une part de conserver la gestuelle, d'autre part d'apporter un apport buccal de nicotine à la demande.

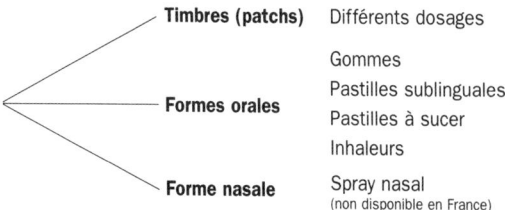

Essayez les formes orales de substituts

Il existe un inhaleur et une douzaine de formes orales : gommes à mâcher, pastilles à sucer, pastilles sublinguales, goût naturel, goût fruit, goût orange, goût menthol, forme 2 mg, forme 4 mg, bref, un éventail de choix presque aussi grand que chez le buraliste pour les produits du tabac.

Il n'y a que peu de raisons médicales de conseiller l'une ou l'autre des formes orales, même si toutes ont de petits avantages et de petits inconvénients.

Le plus simple est de discuter avec votre pharmacien puis d'acheter des boîtes de petit format d'un ou deux types et de décider la forme que vous préférez.

Il n'y a aucun obstacle à faire ces tests avant l'arrêt, simplement en remplaçant une cigarette par une gomme, un comprimé ou une pastille, de façon à choisir la forme qui vous réussit le mieux. Il est aussi possible de changer en cours de traitement.

C'est en effet vous qui devez piloter votre arrêt ; même si les conseils de votre médecin ou de votre pharmacien sont essentiels, il ne faut pas hésiter à afficher vos préférences et exiger que l'on vous convainc si l'on vous demande de prendre une forme autre que celle que vous préférez.

Les formes orales de substituts

La nicotine est absorbée par la muqueuse de la bouche. L'efficacité de la nicotine libérée par la gomme est optimale lors de la mastication de la gomme ou des autres formes orales. À l'inverse, la déglutition de la nicotine provoque une irritation de l'estomac et le hoquet.

Les taux plasmatiques de nicotine obtenus sont le plus souvent moindres que ceux obtenus par la prise de cigarette, mais surtout le taux sanguin est plus régulier, sans pics répétés. Ces pics de nicotine étaient autant de stimuli renforçant la dépendance.

Il faut préciser au patient que la gomme ne doit pas être utilisée comme un chewing-gum mais, à l'inverse, mâchée très lentement, et que la salive ne doit pas être déglutie.

Le risque de transfert de la dépendance aux cigarettes vers une dépendance à la gomme ou aux autres formes orales, sans être nul, reste très marginal.

Le risque de début de dépendance aux produits de substitution est nul, contrairement à ce qui est observé avec le Subutex ou la méthadone, médicaments de substitution de l'héroïne qui sont des portes d'entrée dans l'héroïnomanie.

Non, les substituts nicotiniques ne rendent pas dépendants.

Comment prendre les gommes

Les gommes nécessitent une bonne technique de prise pour être efficaces, mais surtout pour ne pas provoquer d'effets secondaires : douleurs de la bouche, des mâchoires, douleurs d'estomac, hoquet.

Il faut prendre une gomme, la mettre en bouche, croquer une ou deux fois, puis la laisser quelque temps contre la joue sans la mastiquer.

Ce n'est que quelque temps plus tard, comme on tirerait sur une cigarette, que l'on croque une ou deux fois avant de la laisser à nouveau reposer.

Une fois terminée, la gomme doit être jetée hors de portée des enfants, car il reste de la nicotine dedans. L'absorption de la nicotine est très altérée en cas d'acidité : évitez de prendre une boisson acide juste avant ou durant la prise de substituts oraux.

N'oubliez pas que c'est à travers la muqueuse de la bouche qu'est ici absorbée la nicotine, et non par l'estomac et le tube digestif.

Tout ce qui est avalé passe dans l'estomac où la nicotine est détruite par l'acidité.

Comment prendre les autres formes orales

Les pastilles sublinguales sont d'usage simple. Une fois sortie par pression de son dispositif de distribution, la pastille est placée sous la langue et il faut l'oublier, même si certains trouvent qu'elle pique un peu. Elle va se dissoudre en vingt ou trente minutes.

Les comprimés à sucer ne doivent pas être croqués. Il faut les laisser fondre en bouche en les suçant durant quelques secondes toutes les 2 ou 3 minutes.

La capsule de l'inhaleur est remplie de nicotine liquide ; on peut en tirer un nombre très variable de bouffées en fonction de la façon dont on l'utilise. Certains auront épuisé la cartouche en cinq ou dix minutes après quelques dizaines de bouffées, d'autres le mâchonneront toute une matinée en tirant des centaines de micro-bouffées. C'est la forme qui s'adapte le mieux à vos besoins de l'instant, mais ce n'est pas la plus discrète.

Toutes ces formes ont une absorption buccale, pensez-y, évitez de saliver à l'excès et ne prenez pas de boisson acide avant.

Le patch

Le patch (ou timbre, ou dispositif transdermique) a été développé pour éviter les difficultés d'usage liées aux gommes. Il a aussi l'avantage d'apporter une nicotinémie plus stable, plus favorable à la désaccoutumance tabagique.

La nicotine qui est dans le timbre va progressivement passer dans l'épaisseur de la peau, puis de la peau vers le sang et le cerveau.

Le patch permet la meilleure observance liée à une grande facilité d'utilisation.

Pour diminuer le risque de réaction cutanée locale, il faut changer le site d'application du patch quotidiennement.

Il existe des systèmes pouvant être portés durant 24 heures qui délivrent au maximum une dose de 21 mg de nicotine par jour et des systèmes pouvant être portés 16 heures qui délivrent pour les plus grands une dose de 15 mg de nicotine par jour : les deux systèmes délivrent donc environ 0,9 mg de nicotine par heure.

Les différents patchs

Les patchs ont tous le même principe, mais ont des cinétiques différentes.

En France, en 2007, trois types de patchs sont disponibles.

Les patchs **Niquitin**® délivrent dès la pose du matin une quantité importante de nicotine dans la peau. Ils délivrent après une quantité stable de nicotine durant la journée et continuent à en délivrer toute la nuit. Ces patchs sont à réservoir, il ne faut surtout pas les couper. Il existe une forme transparente (Clear®).

Les patchs **Nicopatch**® ou **Nicotinell**® délivrent de la nicotine sur 24 heures. La montée du matin de la nicotine dans le sang est plus lente, il existe des patchs à 7, 14 et 21 mg pour toutes les formes 24 heures.

Les patchs **Nicorette**® délivrent, eux, la nicotine sur 16 heures. Ils évitent ainsi la prise nocturne, mais le taux de nicotine est long à remonter le matin. Il existe des patchs à 5, 10 et 15 mg pour les formes 16 heures.

Ainsi, chaque forme de patch a des avantages et des inconvénients. Il est possible de moduler les traitements pour chaque patient.

Comment poser les patchs

On colle le patch le matin après la douche. Il faut le coller chaque fois à un emplacement différent afin d'éviter l'irritation excessive de la peau.

Il faut également éviter de le coller aux endroits de forte pression (fesse).

Si le patch se décolle au cours de la journée, il est possible de le recoller, au besoin en mettant un sparadrap par-dessus.

Cinétique de la nicotine sur 24 heures selon le patch utilisé.

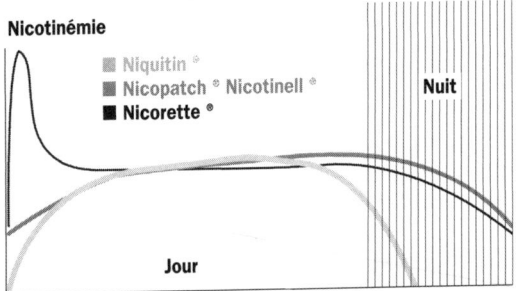

Peut-on associer patch et gomme ?

Lors de l'arrêt, l'important est de substituer en nicotine à un niveau voisin de ce qui était pris avec la cigarette. Cette quantité est difficile à déterminer a priori, car, avec une cigarette, certains fumeurs prennent dix fois plus de nicotine que d'autres.

La quantité de nicotine apportée par les plus grands patchs est, pour beaucoup de fumeurs, voisine de celle qui est apportée par un paquet de cigarettes, mais chez certains fumeurs, ce sera deux fois trop de nicotine, chez d'autres, deux fois moins de nicotine que nécessaire.

Quand une forte dose de nicotine est nécessaire, un des moyens le plus souvent conseillés par les médecins est l'association de patchs et de formes orales.

Sur les conseils du médecin, il est possible d'associer à un patch des formes orales de façon progressive afin de calmer les envies qui persistent, comme on le fait pour calmer les fortes douleurs des cancéreux à qui on donne de la morphine de longue durée d'action en laissant aux malades la possibilité de faire des interdoses pour calmer les douleurs persistantes. Aussi longtemps que l'on a envie de fumer, il n'y a aucun danger à associer patchs et formes orales. Ce n'est pas plus dangereux que de fumer un paquet de blondes par jour et de fumer en plus une cigarette brune.

Les patchs sont-ils parfois dangereux ?

Non, rien à voir avec le danger du tabac. Il est toujours moins dangereux de mettre un patch que de fumer.

Les deux dangers principaux des patchs sont :

L'allergie à l'adhésif des patchs. Cette allergie à l'adhésif ou la simple irritation liée à la nicotine sur la peau est en général sans gravité. Il suffit de changer l'emplacement du patch chaque jour.

À l'inverse, si l'allergie dépasse la surface du patch pour s'étendre, il faut interrompre le traitement et prendre des formes orales ou d'autres traitements. L'adhésif des différentes marques disponibles n'est pas suffisamment différent pour que, dans un cas d'allergie à l'un, on puisse conseiller d'essayer d'utiliser une autre marque.

La dépression. Elle est le deuxième risque de l'arrêt du tabac sous substituts nicotiniques ; elle n'est pas liée au produit mais à l'arrêt du tabac, qui peut réveiller une dépression latente. Si vous vous sentez déprimé, si vous aviez dans le passé été l'objet d'une dépression sévère, il vaut mieux vous faire suivre durant la période de l'arrêt afin d'éviter de rechuter en dépression.

Lisez toujours la notice de votre médicament pour en savoir plus.

Les médicaments victimes de la désinformation

À l'arrivée des gommes en 1985, des campagnes de désinformation avaient fait la une des journaux en rapportant des crises cardiaques chez les personnes prenant des substituts nicotiniques. On sait pourtant clairement que, même en cas d'infarctus récent, les substituts nicotiniques réduisent considérablement la mortalité cardiaque dans le mois qui suit, par rapport à ceux qui reçoivent un patch placebo (et qui continuent de fumer en cachette malgré l'accident).

Des campagnes du même type sont toujours en cours en Europe concernant le Bupropion, dont on souligne les dangers en oubliant que le tabagisme est une maladie grave.

Si l'on compare les traitements antitabac aux médicaments des maladies cardiaques et respiratoires en termes de rapport risque/bénéfice pour la santé, les produits pour arrêter le tabac sont, parmi les médicaments disponibles les plus sûrs, ceux qui sont responsables du plus petit nombre d'accidents par rapport au nombre de vies sauvées.

Ce n'est pas arrêter de fumer qui est dangereux, c'est de continuer de fumer !

Le Champix® (varénicline)

La varénicline (Champix®) est un nouveau médicament d'aide à l'arrêt du tabac qui s'est révélé plus efficace que les médicaments existant jusqu'ici. Ce médicament est à la fois agoniste et antagoniste des récepteurs nicotiniques à l'acétylcholine (alpha 4 béta 2). Il permet ainsi d'une part de diminuer le manque, et d'autre part de diminuer le plaisir lié à la nicotine, et de resensibiliser les récepteurs à la nicotine.

Les résultats des essais conduits avant la mise sur le marché de ce médicament montrent que la moitié des fumeurs recevant le médicament ne fumaient plus en fin de traitement et qu'un quart ne fumaient plus un an après. Dans ces essais, la varénicline se montre significativement supérieure au Bupropion (Zyban®).

Le principal effet secondaire observé est la nausée (comme celles que l'on ressentait quand, jeune, on fumait ses premières cigarettes).

Le médicament est commercialisé début 2007, initialement non remboursé.

L'avenir dira quelle place doit prendre exactement ce médicament dans la panoplie des outils de sevrage tabagique par rapport aux autres médicaments disponibles.

Comment prendre le Champix® (varénicline) ?

Le Champix® (varénicline) est un nouveau médicament d'aide à l'arrêt du tabac. Il se présente sous forme de comprimés. Il existe des comprimés à 0,5 mg qui servent à augmenter progressivement la posologie. Les comprimés de 0,5 mg de varénicline sont blancs, ceux en de 1,0 mg sont bleu clair. Le médicament est obtenu sur ordonnance. Les comprimés doivent être avalés entiers avec de l'eau. Ils peuvent être pris au cours ou en dehors des repas.

L'administration de varénicline doit débuter une à deux semaines avant la date d'arrêt. La dose initiale est d'un comprimé à 0,5 mg par jour pendant trois jours, puis d'un comprimé à 0,5 mg deux fois par jour pendant les quatre jours suivants. La deuxième semaine, la posologie passe à un comprimé à 1 mg deux fois par jour pendant douze semaines.

Un conditionnement spécial d'initiation au traitement contient les deux sortes de comprimés pour cette initiation.

La posologie peut être réduite à 0,5 mg deux fois par jour chez les patients qui ne tolèrent pas la dose de 1 mg deux fois par jour. Pour les patients en insuffisance rénale, la posologie est de 1 mg une fois par jour.

Pour les patients qui ont réussi à arrêter de fumer à la fin des douze semaines peut être prescrit un traitement de douze semaines supplémentaires. L'arrêt du traitement peut être brutal ou progressif.

Le Zyban® (Bupropion)

Le Zyban® (Bupropion) est un médicament qui est utilisé depuis longtemps comme antidépresseur aux États-Unis et au Canada. Une psychologue soignant des malades, presque tous fumeurs, s'aperçut un jour que certains patients s'arrêtaient de fumer sans même l'avoir décidé. Une étude fut alors conduite. Le médicament a été un peu modifié pour couvrir toute la journée et a été commercialisé. Comparé à un faux médicament (placebo), il donne deux fois plus d'arrêts de tabac.

Les effets secondaires les plus fréquents sont l'insomnie et l'allergie. De nombreux autres effets secondaires sont possibles, mais ils sont difficiles à différencier des effets liés à l'arrêt du tabac. Le risque de crises d'épilepsie, qui a été monté en épingle, est en fait voisin de celui des médicaments de même classe ; il survient dans moins de 1 cas sur 1 000 et ne se reproduit pas si l'on arrête le produit. Ce risque est à comparer au risque du tabac : 50 % de risques de mourir prématurément si l'on n'arrête pas de fumer !

Le Bupropion, comme les substituts nicotiniques, sauve chaque année des milliers de vies. N'ayez pas peur des produits d'aide à l'arrêt : gardez votre peur pour les effets de la fumée du tabac.

Comment prendre le Zyban® (Bupropion) ?

En France, comme dans tous les pays, ce médicament n'est disponible que sur prescription, après consultation médicale. Il n'est pas, en début 2007, remboursé par l'Assurance maladie. Le médecin aura vérifié avec vous le risque d'interaction médicamenteuse si vous prenez par ailleurs d'autres médicaments. Le Zyban® est pris à la dose de 1 comprimé par jour la première semaine, puis la posologie est le plus souvent portée à deux comprimés par jour.

L'arrêt du tabac se fait à une date fixée lors de la deuxième semaine.

En France, l'utilisation du produit est limitée à deux mois. Dans d'autres pays, comme le Canada, les autorités sanitaires autorisent une utilisation plus longue.

Il est possible d'associer le Zyban® à des substituts nicotiniques si l'envie de fumer persiste. Posez la question à votre médecin.

En France, le Zyban® coûte moins de 100 euros pour une boîte de 56 comprimés correspondant à quatre semaines de traitement, soit le prix d'achat d'une quinzaine de cigarettes par jour.

Les futurs vaccins

Il n'existe pas actuellement de vaccins contre le tabagisme, mais une dizaine de compagnies pharmaceutiques à travers le monde travaillent à un vaccin contre le tabac. Il n'y a pas d'espoir d'avoir un vaccin qui traite définitivement le problème du tabagisme dans le monde, mais il existe celui d'un vaccin qui aiderait au sevrage tabagique et à ne pas rechuter.

Le principe de ce vaccin est de créer des anticorps dirigés contre la nicotine, qui se lient à la nicotine dans le sang où ils constituent une grosse molécule qui n'est pas en mesure de passer la barrière méningée protégeant le cerveau. La nicotine fumée n'atteint plus ou peu le cerveau, ne créant plus de dépendance.

Début 2007, il a été démontré qu'on était capable de faire des anticorps, mais ces anticorps ne persistent que quelques semaines ou quelques mois. Plus les anticorps montent, plus le vaccin est efficace pour aider à arrêter de fumer. Aucune étude n'a encore été publiée sur l'efficacité pour prévenir la rechute. La tolérance à moyen terme est démontrée mais on manque encore de données sur la tolérance à long terme.

Bref, le vaccin, ce ne sera pas pour vous : vous serez non-fumeur depuis longtemps s'il est un jour disponible.

Les thérapies cognitives et comportementales

Les thérapies cognitives et comportementales, ou TCC, sont une approche récente en psychologie.

Les thérapies cognitivo-comportementales se fondent principalement sur l'apprentissage et l'analyse des pensées.

Ces thérapies peuvent être conduites en sessions individuelles ou en sessions de groupe.

Les TCC peuvent intervenir aux différentes étapes de l'arrêt : préparation de l'arrêt, arrêt, prévention des récidives.

Les TCC comportent aussi un apprentissage de la gestion du stress et des techniques d'affirmation de soi, utiles chez les personnes anxieuses.

Autres objectifs des TCC

Les TCC ont pour objectif d'aider le sujet à se débarrasser de son comportement de fumeur, acquis dans certaines circonstances, puis maintenu sous l'impact de différents facteurs.

Les TCC visent à modifier les automatismes pour renforcer la motivation et transformer les pensées négatives en cas de trouble dépressif.

Les TCC permettent également une analyse des caractéristiques du comportement du fumeur, qui tient un journal de bord.

Les TCC visent aussi à construire des stratégies de résistance pour les situations à risque, élément important dans la prévention des rechutes.

Certains centres de tabacologie proposent un accompagnement en TCC, mais ils sont rares.

La psychothérapie

À côté des TCC, les prises en charge psychothérapiques sont utiles, en particulier si le fumeur présente des troubles anxieux ou dépressifs.

Beaucoup de consultations de tabacologie ont à disposition des psychologues. Dans de rares cas, certains psychologues cliniciens prennent complètement en charge le sevrage.

Même chez les sujets sans troubles anxio-dépressifs, la rencontre avec un médecin généraliste ou un autre soignant peut être une aide importante pour tout fumeur qui arrête.

La dépendance au tabac n'est pas qu'une dépendance nicotinique. Une aide psychothérapique peut faciliter l'arrêt, mais la psychothérapie ne constitue qu'exceptionnellement un traitement isolé de l'arrêt du tabac, c'est le plus souvent un accompagnement d'autres prises en charge.

Ne craignez pas de vous faire aider.

L'hypnose

L'hypnose est une technique proposée par certains praticiens (et quelques charlatans) dans l'arrêt du tabac.

Des études comparant l'hypnose à l'absence de traitement montrent, pour différentes maladies, un succès plus important chez les sujets hypnotisés. Mais il faut noter que les personnes traitées au moyen d'un placebo (des pilules sucrées inactives) ont de meilleurs résultats que celles qui ne reçoivent aucun traitement.

Ces faits suggèrent que l'hypnose, par son pouvoir de suggestion, agit effectivement aussi bien qu'un placebo sur le corps et le cerveau. Le pouvoir de l'esprit sur le corps est bien réel. Bien orienté, l'esprit peut permettre de véritables miracles. À l'inverse, livré à lui-même, l'esprit peut tourner en rond et donner lieu à des catastrophes.

Les experts considèrent que cette méthode n'a pas prouvé d'efficacité supérieure au placebo. Attention à votre portefeuille mais, si l'on y croit, l'hypnose peut aider certains fumeurs comme le font toutes les méthodes à effet placebo.

Dans ce cas, l'hypnose ou d'autres méthodes placebo vous aideront à apprivoiser votre énergie et à vous en servir pour vous débarrasser du tabac !

Homéopathie, aromathérapie et vitamines

Il existe en France des produits homéopathiques d'aide à l'arrêt du tabac.

L'homéopathie n'a que l'intérêt d'un placebo dans le contrôle tabagique. Mais, là encore, pour ceux qui ont l'habitude de tels traitements et qui s'en trouvent bien, il n'y a pas de contre-indication. Il ne faut cependant pas oublier que le fait d'avoir recours à l'homéopathie vous empêche de recourir aux médicaments allopathiques qui ont prouvé leur efficacité.

Il en est de même de l'aromathérapie, qui n'a qu'un effet placebo. Les formes fumées ont été retirées des pharmacies fin 2006.

Il existe chez tous les fumeurs un déficit en vitamine C. Ce déficit aggrave certaines atteintes comme celles de la muqueuse bronchique. Le traitement de ces maux est plus à rechercher dans l'arrêt de fumer que dans la prise de vitamines.

Prendre des vitamines C ou E en arrêtant de fumer aide un peu certains sujets dans leur arrêt, mais ce supplément vitaminique n'a presque jamais d'utilité, car les carences profondes sont rares.

L'acupuncture

L'acupuncture est une technique de médecine chinoise encore utilisée en Chine, en particulier dans les provinces où les médicaments occidentaux ne sont pas accessibles. Quand ils le peuvent, les Chinois utilisent notre médecine occidentale !

L'acupuncture était l'une des techniques utilisées en France, il y a vingt ans, quand il n'y avait aucun traitement efficace pour aider à l'arrêt du tabac. Depuis 1985, les médicaments d'aide à l'arrêt sont apparus, d'abord les gommes, puis les patchs, le Bupropion et enfin la varénicline.

L'acupuncture n'a plus de place reconnue depuis que l'on possède des moyens plus efficaces que le placebo, car l'acupuncture ne fait pas mieux quand elle est appliquée aux bons points que quand elle est appliquée en dehors des points reconnus. Comme l'hypnose, l'acupuncture n'est qu'une méthode placebo, mais le placebo, dans l'arrêt du tabac, peut apporter un plus par rapport à l'absence de toute prise en charge. Il est important, si l'on utilise l'acupuncture, de ne pas refuser de prendre en même temps des traitements reconnus.

Il faut exiger des aiguilles à usage unique afin de prévenir le risque de sida ou d'hépatite.

Le laser

Le laser est une technique voisine de l'acupuncture. Elle consiste à stimuler l'oreille avec un rayon laser. Aucune preuve d'utilité n'a été apportée en dehors d'un effet placebo, dont on sait l'utilité pour développer la pensée positive et le changement de comportement.

Beaucoup de centres « laser » sont tenus par des « thérapeutes » aux diplômes exotiques et développant des pseudo-théories sur l'efficacité de leur méthode pour tout guérir. Ces centres sont régulièrement condamnés en raison de publicités promettant des résultants mirobolants : 90 % de succès, sans effort, sans prise de poids, succès garantis par huissiers, etc.

Autant de tromperies.

Ne vous laissez pas abuser par des méthodes qui n'ont pas prouvé leur efficacité. Si vous voulez le faire quand même, vérifiez bien ce que cela va vous coûter.

La « méthode » Allen Carr

Cette méthode, initialement promue par un ancien financier britannique, a été développée dans un livre, lors de séances en entreprise et dans des centres spécialisés.

La méthode est plus une série d'incantations qu'une technique. Le seul conseil donné dans le livre est de lire l'ouvrage jusqu'au bout et sans effort : « À la fin du livre, vous avez arrêté de fumer. »

L'auteur lui-même situe son taux d'échec à 15 ou 20 %, mais il précise que ce chiffre est basé sur le nombre de personnes qui lui renvoyaient le livre à l'époque de son lancement, quand il promettait : « satisfait ou remboursé si vous continuez à fumer ! » Une définition de l'échec bien éloignée de la réalité.

Les centres Allen Carr présentent des films et reprennent le livre en présence d'une personne qui se dit « thérapeute ». Le coût de la séance est élevé. Si l'on veut se faire rembourser, il faut assister à deux nouvelles séances identiques avant de pouvoir constater l'échec.

En entreprise, le même principe est repris.

Malgré ces fortes limitations, certaines personnes qui y croient vraiment ont cessé de fumer en lisant le livre ou en assistant aux séances. Une nouvelle preuve que l'autosuggestion est efficace.

Quelques arnaques

Il existe de nombreuses méthodes régulièrement condamnées.

Par exemple, l'oreiller antitabac, « tellement efficace » que son promoteur raconte l'histoire du conjoint d'une de ses clientes qui a arrêté de fumer car l'oreiller antitabac avait glissé sous lui durant la nuit !

Le filtre du Dr ... qui détoxique de la fumée de tabac de façon progressive, vous conduisant ainsi sans aucun effort vers l'arrêt.

L'iridothérapie prétend diagnostiquer et traiter en regardant l'iris.

Un produit destiné à tester l'allergie au tabac était aussi régulièrement utilisé comme vaccin antitabac en France. Le laboratoire fabriquant ce produit test l'ayant retiré de la vente, des produits d'homéopathie furent utilisés dans les mêmes conditions. Ce prétendu vaccin n'a aucune efficacité sur la protection des fumeurs.

Certains arnaqueurs profitent de la confusion qui existe avec des vaccins antinicotine actuellement en cours de développement, mais qui ne seront pas au point avant cinq ou dix ans, s'ils le sont un jour.

Quelques situations particulières

Il existe de nombreuses situations particulières :

- Vous êtes enceinte.
- Vous êtes adolescent.
- Vous êtes dans une situation précaire.
- Vous êtes déprimé.
- Vous êtes cardiaque.
- Vous ne fumez qu'au travail.
- Vous ne fumez qu'à la maison.
- Vous roulez vos cigarettes.
- Vous fumez le cigare.
- Vous fumez la chicha (narguilé) .
- Vous fumez parfois du haschisch.
- Vous avez un problème avec l'alcool.
- Vous allez être opéré.
- Votre médecin du travail vous aide.
- Votre généraliste vous aide.
- Une ligne téléphonique vous aide.
- Votre pharmacien vous aide.

Principe de l'arrêt chez la femme enceinte

L'idéal est, bien entendu, de s'arrêter de fumer avant la conception et le début de la grossesse, mais les faits montrent qu'en France, de plus en plus de femmes sont fumeuses en début de grossesse, car il y a de plus en plus de femmes fumeuses dans ces tranches d'âge.

Avant le début de la grossesse, tous les moyens de l'arrêt du tabac peuvent être utilisés comme chez n'importe quel adulte fumeur. Il est conseillé chez la femme non enceinte de fixer sa date d'arrêt en début de cycle, le syndrome de manque sera bien moindre que durant la deuxième partie du cycle.

Si l'arrêt du tabac n'est pas obtenu avant la grossesse, il faut s'efforcer de l'obtenir au premier trimestre de la grossesse.

Quand la femme fume pendant la grossesse, il est important que tous les soignants proposent en première intention l'arrêt complet.

La réduction de la consommation, encore trop souvent proposée par certains médecins ou certaines sages-femmes de la vieille école, ne réduit pas le danger si elle n'est pas accompagnée d'un substitut nicotinique.

Le conseil de simple réduction n'est plus justifié au regard des connaissances que l'on a maintenant sur les effets du tabagisme durant la grossesse ; le seul objectif à recommander est l'arrêt complet.

Vous êtes enceinte

Au cours de la grossesse, l'idéal est d'obtenir un arrêt sans médication, ce qui est relativement facile à obtenir chez les femmes les moins dépendantes, celles qui ne fumaient pas dans l'heure suivant le lever. Les nausées de début de grossesse aident certaines femmes à se sevrer en les dégoûtant du tabac.

Si un traitement est nécessaire, ce ne peut être ni le Zyban® ni le Champix® qui, en France, ne sont pas autorisés chez la femme enceinte (le Zyban® est cependant utilisé en Amérique du Nord).

Les substituts nicotiniques sont de préférence utilisés sur avis médical chez la femme enceinte de façon à optimiser leur utilisation et à obtenir un sevrage rapide. On utilise de préférence les formes orales qui ont une demi-vie courte pour éviter l'accumulation de la nicotine dans le liquide amniotique.

Mieux vaut exposer le fœtus à la nicotine des substituts qu'aux milliers de composés de la fumée de cigarette (dont le CO qui asphyxie le fœtus).

Dans tous les cas, il vaut mieux que la femme enceinte se fasse aider pour l'arrêt.

Vous êtes adolescent

On a peu de connaissances sur l'arrêt du tabac chez les adolescents.

À cet âge, le taux d'arrêt est relativement faible. Il s'agit en fait de l'abandon d'une initiation au tabagisme, avant que celui-ci ne devienne trop régulier.

La consommation concomitante de haschisch complique le sevrage car beaucoup de jeunes veulent rester des fumeurs occasionnels de tabac pour aider à la combustion de la résine du cannabis. Le risque de retour à la dépendance au tabac est grand.

Le Zyban® n'est légalement autorisé qu'à partir de 18 ans.

Pour les substituts nicotiniques, ceux qui ont été enregistrés par l'Agence française directement sont autorisés à partir de 15 ans, ceux qui sont passés par les nouveaux circuits d'enregistrement des médicaments européens ne sont autorisés théoriquement qu'à partir de 18 ans, une différence purement administrative.

Les lieux d'accueil pour les adolescents fumeurs sont insuffisants. Des études sont nécessaires pour élaborer des techniques efficaces à cet âge.

L'arrêt simple, sans méthode particulière, fonctionne cependant souvent chez les adolescents.

Vous êtes dans une situation précaire

Les personnes en situation de précarité sont particulièrement touchées par le tabagisme et ont des difficultés spécifiques à se sevrer du tabac, même en l'absence d'intoxication éthylique associée.

Les difficultés sont liées à la faible motivation à se sevrer, aux pensées négatives, au déficit de projets d'avenir.

La motivation est difficile à obtenir. Quand existent des pathologies associées – en particulier une bronchopneumopathie chronique obstructive –, une réduction du risque est possible en associant substitutions nicotiniques et cigarettes.

Les difficultés sont liées aussi aux difficultés financières du sevrage.

Si, en France, il est possible de bénéficier de consultations gratuites avec une aide médicale d'État, la CMU ou certaines mutuelles, la prise en charge des substituts nicotiniques théoriquement possible pour les patients précaires est en pratique très difficile. La complexité administrative en bloque dans les faits l'utilisation chez les patients précaires. Le nouveau dispositif permettant une prise en charge partielle pour tous devrait être étendu pour ces populations.

Plus que tous les autres, les patients précaires doivent être médicalement suivis durant leur arrêt.

Vous êtes déprimé

Les fumeurs présentent trois fois plus souvent un état dépressif que les non-fumeurs. Il existe un risque chez certains de dépression à l'arrêt du tabac.

Si vous vous sentez déprimé, attention, ce n'est peut-être pas le moment d'arrêter de fumer. Il faut sans doute remettre l'arrêt de quelques semaines ou de quelques mois.

Allez consulter

Le médecin prendra dans un premier temps en charge votre dépression puis, quand vous serez stabilisé, l'arrêt du tabac sera envisagé sous surveillance.

Si vous êtes en pleine déprime, les chances d'arriver à arrêter de fumer sont quasiment nulles et, de plus, cela va encore aggraver votre dépression. Il ne faut pas renoncer à arrêter de fumer, mais juste en différer la date. Vous verrez qu'au moment où vous sortirez de votre déprime, si, en même temps, vous arrivez à arrêter de fumer, votre moral remontera encore plus vite.

Vous êtes cardiaque

Beaucoup de maladies cardio-vasculaires sont liées au tabac et les sujets cardiaques sont les premières victimes du tabagisme (tabagisme actif et tabagisme passif).

Il est étrange de voir que beaucoup de cardiaques ont peur d'utiliser des médicaments pour arrêter de fumer, alors que, pour eux, le sevrage tabagique est urgent.

Le Zyban® peut être utilisé sans réticence, sous réserve que vous ayez vérifié avec votre médecin l'absence d'interaction avec les médicaments que vous prenez.
Le Champix® n'a pas de contre-indication cardiaque.

Les substituts nicotiniques peuvent maintenant être utilisés sans restriction en France, car les risques théoriques n'ont pas été vérifiés alors que le bénéfice de l'arrêt est clairement établi, diminuant la mortalité dès trente jours après l'infarctus du myocarde. Ainsi, l'infarctus qui était autrefois une contre-indication est maintenant une indication à la substitution nicotinique chez le fumeur.

Vous ne fumez qu'au travail

Pour ceux qui travaillent, le lieu de travail joue un rôle souvent important dans leur tabagisme.

Si vous avez la chance de travailler dans un lieu réellement et totalement « non-fumeurs » dans les locaux et à l'extérieur des locaux, donc en avance sur le nouveau décret Xavier Bertrand, ou parce que des consignes de sécurité l'imposent, l'arrêt du tabac sera pour vous plus facile. Anticipez seulement votre attitude durant les pauses qui étaient pour vous des pauses cigarette et transformez-les en pauses sans cigarette.

Si, à l'inverse, votre lieu de travail possède un fumoir ou que la pause cigarette à l'extérieur est une institution quasi obligatoire, l'arrêt sera plus difficile. Si vous pouvez participer à la mise au point de quelques règles au travail, cela facilitera votre arrêt (et le respect de la loi).

Toutes les entreprises totalement sans tabac voient leur taux de fumeurs diminuer.
Un lieu de travail « fumeurs » pousse à être fumeur.
Un lieu de travail « non-fumeurs » pousse à arrêter de fumer.

Vous ne fumez qu'à la maison

Il existe de rares personnes qui ne fument pas au travail et ne fument qu'à la maison ou que le week-end.

La plupart du temps, ces fumeurs ne sont pas dépendants de la nicotine. Ils peuvent arrêter de fumer pendant une semaine sans difficulté.

L'arrêt du tabac est le plus souvent facile, il suffit de dire : « J'arrête ! » Malheureusement, ces cas sont de plus en plus exceptionnels. Ils concernent principalement des personnes qui ont commencé à fumer tard dans leur vie, à 25 ou 35 ans.

Or, maintenant, c'est le plus souvent avant 15 ans que l'on commence à fumer, à un âge où l'on devient vite très dépendant de la nicotine. Le cerveau est marqué à vie et gardera le plus souvent toujours le souvenir de cette dépendance.

Pour vous et pour les autres, il vaut mieux que vous arrêtiez de fumer.

Vous roulez vos cigarettes

Rouler ses cigarettes ne diminue pas le risque lié au tabac, mais au contraire l'aggrave. Chaque cigarette roulée est plus toxique qu'une cigarette industrielle, car la combustion du tabac est moins bonne.

La gestuelle est davantage développée chez celui qui roule ses cigarettes. Vous devriez peut-être développer une gestuelle de substitution au roulage de vos cigarettes.

Arrêter de fumer quand on roule ses cigarettes pose exactement les mêmes problèmes que quand on fume des cigarettes industrielles.

La mesure de la dépendance par le test de Fagerström permet de savoir à quel point on est accroché.

Le Champix® ou le Zyban® prescrit par le médecin ou les substituts nicotiniques se prennent exactement de la même façon et pour la même durée que pour un fumeur de cigarettes industrielles.

Vous fumez le cigare

Les effets du cigare sur la santé sont un peu différents de ceux de la cigarette si l'on n'a jamais fumé que des cigares. À l'inverse, quand on passe de la cigarette au cigare, on fume les cigares comme les cigarettes, le risque est identique à celui des cigarettes.

Passer de la cigarette au cigarillo est une fausse solution.

Le test de Fagerström (p. 49) permet de calculer votre dépendance aux cigares. On convertira, certes en fonction de la taille du cigare, le nombre de cigares en nombre de cigarettes.

Si vous n'êtes pas dépendant, ne fumez qu'un cigare de temps en temps, c'est juste votre décision d'arrêter.

Si vous fumez des cigarillos dès le matin, vous êtes dépendant comme un fumeur de cigarettes et les techniques d'arrêt seront les mêmes que chez les fumeurs de cigares.

Vous fumez la chicha (narguilé)

Le narguilé, ou chicha ou pipe à eau, est un mode de consommation du tabac qui se répand rapidement à travers le monde et en particulier en Europe chez les jeunes.

Cette consommation n'est pas une consommation anodine comme les consommateurs se l'imaginent trop souvent.

Le fumeur de chicha prend à chaque bouffée autant de volume de fumée que dans une cigarette entière, aussi en prenant 40 bouffées d'une chicha, il absorbera autant de particules ou de monoxyde de carbone que dans 40 cigarettes, même si la quantité de nicotine inhalée est plus faible car le produit fumé n'est pas du tabac pur et l'eau, dans laquelle bulle la fumée, piège une partie de la nicotine.

La chicha ne doit en aucun cas être fumée dans une salle mal ventilée.

Il n'est pas décrit de méthode spécifique pour arrêter de fumer la chicha.

La première étape est de prendre conscience de la toxicité du produit et de réduire sa consommation.

Si la dépendance nicotinique est forte, c'est le plus souvent le fait d'un tabagisme classique associé qui peut être traité par les moyens classiques.

Vous fumez parfois du haschisch

Chez les jeunes, la consommation de haschisch est malheureusement très fréquente. Le plus souvent, la consommation est festive, uniquement une à deux fois par mois. Bien que chaque cigarette de haschisch soit plus toxique qu'une cigarette de tabac et soit beaucoup moins responsable d'addiction, certains jeunes disent : « OK ! Je veux bien arrêter le tabac, mais je veux garder la possibilité de fumer un joint lors des fêtes ! » Fumer un joint dans lequel on mélange tabac et haschisch expose au risque de rechute du tabagisme.

Plusieurs solutions peuvent être proposées :

La première est, bien entendu, d'arrêter de fumer du haschisch. C'est de très loin la solution la plus recommandée.

La deuxième est de ne plus prendre de résine de cannabis, mais seulement des feuilles de marijuana qui brûlent sans tabac.

La troisième solution est de mélanger la résine de cannabis avec des cigarettes sans tabac.

Mais, rappelons-le, le commerce et l'utilisation de haschisch sont illégaux et dangereux pour la santé.

Pour le reste, l'arrêt du tabac n'est ni plus facile ni plus difficile que chez un autre. Il faut espérer que l'arrêt du tabac vous éloignera progressivement du haschisch.

Vous avez un problème avec l'alcool

Un certain nombre de fumeurs ont ou ont eu un problème avec l'alcool.

Aussi longtemps que le problème de l'alcool n'est pas réglé, l'arrêt du tabac est difficile ou impossible, et ce d'autant plus que la personne connaît encore des états d'ivresse.

Mieux vaut commencer par régler votre problème avec l'alcool et vous engager dans la foulée dans le sevrage du tabac.

La plupart de ceux qui ont arrêté l'un et l'autre témoignent qu'il est plus facile d'arrêter l'alcool que d'arrêter le tabac. En effet, le tabac est une drogue plus dure que l'alcool.

L'expérience de l'arrêt de l'alcool vous rendra plus fort pour l'arrêt du tabac. Au mieux, c'est l'équipe qui vous a aidé à arrêter de boire qui doit vous aider à arrêter de fumer. Si ce n'est pas possible, il vaut mieux de toute façon vous faire aider par d'autres personnes.

Quand on a été dépendant aux deux produits, c'est en fin de compte un sacré bonheur d'avoir réussi à arrêter l'un et l'autre.

Vous allez être opéré(e)

Si vous devez subir une opération programmée, vous n'avez plus de délais pour vous décider. Il faut arrêter d'emblée.

On sait maintenant que les fumeurs ont trois fois plus de complications opératoires que les non-fumeurs, et qu'ils restent plus longtemps à l'hôpital. Cela est vrai, qu'il s'agisse d'une opération bénigne ou d'une opération très importante.

Arrêter de fumer 6-8 semaines avant l'intervention et durant toute la période de cicatrisation supprime totalement ce risque.

Donc, si vous devez être opéré(e), arrêtez le plus rapidement possible de fumer. Prenez une substitution nicotinique en adaptant rapidement les doses afin de ne plus fumer dans les quelques jours suivant le début de votre arrêt. Une aide de votre médecin, de l'équipe chirurgicale ou de Tabac Info Service (0825 309 310) doit être recherchée.

Lors de l'arrivée à l'hôpital, prévenez l'anesthésiste que vous venez d'arrêter de fumer et que vous prenez une substitution nicotinique.

Profitez de cette intervention pour devenir un non-fumeur et le rester après.

Votre médecin du travail vous aide

L'arrêt du tabac et la protection de la santé sont une des préoccupations des médecins du travail.

Ils sont aussi consultés pour le plan d'aménagement des locaux (tous les deux ans, selon la loi) si votre entreprise a pris la décision de déroger à la règle générale qui veut que l'ensemble de l'entreprise soit non-fumeurs, il lui faut alors installer des fumoirs.

Certaines entreprises non-fumeurs mettent à la disposition du personnel des substituts nicotiniques durant les heures de travail (substitution temporaire). D'autres organisent l'arrêt du tabac de leurs employés durant les heures de travail. Le bénéfice est pour l'entreprise bien supérieur à son coût : un employé fumeur coûte de 1 000 à 3 000 euros de moins par an qu'un employé fumeur.

Pour le fumeur, pouvoir arrêter de fumer sur le lieu de travail est une chance car le taux de succès de chaque fumeur est plus élevé du fait de la dynamique créée par le groupe qui s'arrête. De plus, le taux de rechute est diminué par rapport à un arrêt en ville.

Une entreprise « 100 % non-fumeurs » est une chance pour tous les fumeurs qui y travaillent.

Votre généraliste vous aide

Beaucoup de médecins généralistes sont maintenant formés à l'aide à l'arrêt du tabac.

Certains ne font qu'une prise en charge minimale, d'autres acceptent de faire une prise en charge plus poussée.

Même si votre médecin ne souhaite pas faire une prise en charge complète qui, il est vrai, lui prend du temps, vous pouvez lui demander son avis et quelques conseils pour votre arrêt.

S'il n'a que peu de temps, vous pouvez, en utilisant la ligne d'appel de Tabac Info Service en France ou une autre ligne à l'étranger, vous faire aider par ailleurs.

Le médecin vous aidera à prendre la décision d'arrêt et à choisir les méthodes d'arrêt. Il vous fera éventuellement les ordonnances nécessaires, en particulier si vous êtes sous Champix® ou Zyban®.

Au cours de vos visites successives, il vous suivra et vous aidera à ne pas rechuter.

Une ligne téléphonique vous aide

Des lignes d'appel ou quittline existent dans de nombreux pays.

En France, **Tabac Info Service (0825 309 310)** est une ligne d'aide à l'arrêt qui possède deux niveaux de réponse en fonction de votre demande :

- une réponse simple par un téléconseiller ;
- une réponse plus complexe et longue par un tabacologue.

En France, des dizaines de milliers de personnes utilisent cette ligne. Au Canada, ces lignes sont également très utilisées, par les malades eux-mêmes ou par les professionnels de la santé.

Ces lignes apportent une aide réelle :
- pour vous aider à décider l'arrêt ;
- pour régler tous les problèmes qui se posent durant l'arrêt ;
- pour vous aider à ne pas rechuter.

La réponse de Tabac Info Service

Dans un premier temps, des téléconseillers vous renseigneront, vous apporteront les aides que vous demandez sur le tabac et l'arrêt du tabac, vous donneront des conseils pour rencontrer un professionnel de la santé.

Si vous voulez une aide plus précise, un tabacologue vous prendra plus longtemps au téléphone, soit directement si l'un d'eux est libre, soit en vous rappelant sur rendez-vous.

Vous pourrez aborder avec lui (ou elle) tous les aspects de votre arrêt : problèmes techniques, conseils, aide psychologique, etc.

Les tabacologues savent parfaitement répondre aux questions des fumeurs. Certains médecins ou pharmaciens téléphonent même pour avoir des conseils pour un fumeur qu'ils aident à arrêter de fumer à leur cabinet ou à qui ils vendent des substituts nicotiniques.

0825 309 310

Votre pharmacien vous aide

Depuis 1999, en France, les pharmaciens sont les premiers acteurs à intervenir lors d'un sevrage tabagique car ils ont l'exclusivité de vente des médicaments (ce qui n'est pas le cas dans tous les pays ; en Angleterre ou aux États-Unis, par exemple, on peut acheter les gommes à la nicotine dans les supermarchés).

En France, plus de 70 % des fumeurs qui achètent des substituts nicotiniques vont directement en pharmacie sans consulter un médecin.

Le pharmacien vous aidera à savoir si vous êtes dépendant, vous conseillera un dosage, une forme. Si vous ne devez pas hésiter à dire ce que vous préférez, écoutez aussi ses conseils.

Si le moindre problème survient sous traitement, il pourra également vous aider à comprendre ce qui se passe et vous permettre de poursuivre votre traitement dans de bonnes conditions.

Prix des traitements d'aide à l'arrêt

Attention ! choisissez votre pharmacien pour acheter vos produits d'arrêt du tabac.

En France, ces produits n'étant pas remboursés, il n'y a pas de prix unique. Il peut varier pour le Champix® et pour le Zyban® de plus de 30 %, alors qu'il s'agit de médicaments vendus sur ordonnance, et de 1 à 3 pour les patchs et les formes orales de substituts nicotiniques vendus avec ou sans ordonnance.

Si votre pharmacien vous vend les patchs à moins de 2 euros l'unité, c'est qu'il rogne sur ses marges et se fournit en gros. Si le patch est vendu moins de 2 euros l'unité, il est dans le standard actuel en France. S'il vous vend les patchs plus de 3 euros l'unité, c'est qu'il prend des marges importantes. Libre à vous d'aller voir ailleurs, même si maintenant le patch est dans tous les cas de figure beaucoup moins coûteux qu'un paquet de 20 cigarettes.

Depuis 1999, en France, le prix moyen des patchs a légèrement baissé alors que le prix des cigarettes a fortement augmenté. L'achat d'un patch revient presque deux fois moins cher que l'achat d'un paquet de cigarettes.

Prise en charge financière de l'arrêt

Pour accompagner le décret d'interdiction totale de fumer dans les lieux publics et les lieux de travail, une aide aux fumeurs a été mise en place en France avec un renforcement des consultations en tabacologie hospitalières et un forfait de 50 euros pour la prise en charge des substituts nicotiniques sur prescription. Cette prise en charge de 50 euros n'est possible qu'une fois par an, même en cas de récidive précoce. Certaines mutuelles assurent une prise en charge complémentaire.

Les consultations en tabacologie sont maintenant remboursées comme toute consultation de médecine, alors qu'auparavant de nombreuses caisses d'assurance maladies refusaient en France de les rembourser au titre qu'il s'agissait de prévention. L'accès à ces consultations hospitalières est pris en charge même sans passer par le médecin référent (accès direct).

Le Champix® et le Zyban® ne sont pas pris en charge par l'Assurance maladie et ne sont pas remboursés.

Sur le lieu de travail, un certain nombre d'employeurs prennent également en charge le coût de l'arrêt du tabac.

Aujourd'hui, vous arrêtez !

Ça y est, aujourd'hui, vous arrêtez de fumer.

Vous vous êtes préparé, vous savez pourquoi vous arrêtez, vous avez fait votre test de dépendance à la nicotine, vous connaissez votre poids, vous avez défini votre stratégie, votre méthode. Vous avez éventuellement acheté des médicaments prescrits, comme le Champix® ou le Zyban®, ou éventuellement non prescrits, comme des substituts nicotiniques. Vous l'avez décidé seul ou avec votre médecin. Vos proches sont prévenus de votre arrêt, vous avez prévu de modifier votre activité physique et de modérer votre alimentation. Vous avez jeté cendriers, briquets, dernières cigarettes.

Si vous avez décidé d'arrêter avec le Champix® ou le Zyban®, cela fait déjà au moins huit jours que vous avez commencé à prendre le produit et vous êtes maintenant à deux comprimés par jour. L'envie de fumer est moins forte. Vous pouvez arrêter de fumer. Si l'envie de fumer est forte, vous pouvez sans inconvénient associer des formes orales de nicotine au Zyban®, afin de gérer les envies, mais il ne faut pas associer les substituts nicotiniques et le Champix®.

Si vous utilisez des substituts nicotiniques en patchs, collez votre patch le matin et mettez dans votre poche des formes orales pour la journée, au cas où l'envie de fumer devenait trop forte.

Votre première journée sans fumer

Au cours de cette première journée, vous ne pensez qu'à ne pas fumer, vous oubliez parfois l'arrêt mais rarement plus d'une heure. Votre motivation est forte.

Peut-être êtes-vous fier d'y parvenir si bien. Il ne faut pas vous laisser bercer par une certaine euphorie mais rester vigilant.

Aussi souvent que vous avez envie de fumer, vous prenez une forme orale.

- Buvez de l'eau.
- Ne prenez pas de café ou seulement le minimum.
- Ne mangez pas entre les repas.
- Pensez avant les repas à ce que vous allez manger.
- Ne vous couchez pas trop tard.

Ce jour sera pour vous un souvenir inoubliable, même dans vingt ans. C'est votre premier jour sans tabac

Êtes-vous bien dosé en nicotine ?

Sans substituts nicotiniques, si vous n'avez aucune envie de fumer, si vous êtes un peu écœuré, voire nauséeux, énervé, vous êtes peut-être en surdosage.

Demain, mettez un patch de plus petite taille : moyen si vous en aviez un gros, petit si vous en aviez un moyen.

Si vous n'avez pas envie de fumer, si vous vous sentez bien, vous êtes bien dosé.

De même, si en prenant une ou deux gommes vous êtes bien, vous prendrez la même chose demain.

Si vous prenez 8 gommes ou plus, il faudrait demander à votre médecin ou à votre pharmacien si vous pouvez associer un patch de taille intermédiaire à votre patch de grande taille.

Si vous êtes toute la journée en manque malgré 10 ou 12 formes orales et votre patch, si auparavant vous fumiez dès le réveil et si vous fumiez plus de 30 cigarettes par jour, il est parfois possible de monter à deux grands patchs par jour après avoir pris l'avis de votre médecin.

Sous-dosage en nicotine

Le sous-dosage nicotinique est fréquent lors du sevrage tabagique. Il faut l'éviter au maximum car il est source d'inconfort, d'irritabilité, de boulimie et d'une augmentation du risque d'échec du sevrage.

Alors que la plupart des fumeurs ont peur de prendre trop de substituts nicotiniques, ils négligent bien souvent le danger plus grand du sous-dosage. Ne faites pas comme eux, prenez des doses suffisantes de nicotine lors de l'arrêt. C'est déjà assez compliqué comme cela d'arrêter de fumer sans s'imposer des contraintes supplémentaires avec une compensation insuffisante.

Le sous-dosage se caractérise par une envie de fumer avec des pulsions fortes, une irritabilité souvent plus ressentie par l'entourage que par le fumeur lui-même, une boulimie, des troubles du sommeil marqués par un sommeil haché.

Beaucoup d'échecs du sevrage sont liés au sous-dosage en substituts nicotiniques.

Surdosage et toxicité de la nicotine

La nicotine est un produit toxique, mais c'est un produit qui a une toxicité différente chez les fumeurs et les non-fumeurs.

Chez le non-fumeur, la quantité de nicotine contenue dans un seul paquet de cigarettes ou un seul patch aurait des effets toxiques mesurables, accélérant le pouls, faisant monter la pression artérielle, provoquant des palpitations, des nausées, voire des vomissements.

Chez un non-fumeur adulte ou adolescent fumant seulement une cigarette, ces troubles sont parfois observés.

Il ne faut absolument pas que des non-fumeurs prennent des substituts nicotiniques. Il est en particulier recommandé aux fumeurs de bien enfermer les patchs usagés pour éviter qu'un enfant ne joue avec.

Mais la plupart des accidents de la nicotine sont liés aux mégots des fumeurs qui sont jetés sans aucune précaution et que de jeunes enfants viennent porter à la bouche.

Surdosage en nicotine sous traitement

Chez le fumeur régulier, le nombre de récepteurs nicotiniques est considérablement augmenté après des années de tabagisme. Fumer 20 ou 40 cigarettes par jour ne provoque ni nausée ni augmentation du pouls, contrairement à ce qui se passe avec une seule cigarette chez un non-fumeur.

Prendre de la nicotine en patchs, comprimés sublinguaux, gommes ou inhalateurs quand on est un gros fumeur ne présente donc pas de toxicité.

Si la dose de nicotine utilisée est excessive, il n'y a aucune sensation de manque et les premiers signes de toxicité sont toujours bénins : palpitations, tremblements, nausées, céphalées. Ils conduisent rapidement à la diminution de dose de nicotine.

Les médecins font maintenant bien confiance aux fumeurs pour adapter eux-mêmes leurs besoins en substitution nicotinique, comme ils font confiance aux malades qui souffrent pour adapter eux-mêmes leurs doses d'antalgique.

Sous substituts, adaptez les doses de nicotine

L'un des secrets d'un sevrage en tabac réussi, si vous arrêtez avec des substituts nicotiniques, c'est d'avoir en permanence la dose de nicotine dont vous avez besoin dans le sang.

L'adaptation de cette dose est difficile car on ne dispose pas d'outils fiables pour mesurer les besoins. Finalement, c'est votre ressenti qui guidera au mieux l'adaptation des doses de jour en jour durant la première semaine.

Le premier jour, on teste une dose moyenne de nicotine. On peut s'aider du tableau de la page suivante, mais on gardera la possibilité de prendre des doses supplémentaires par voie orale si la dose délivrée au cours de la journée par le patch est insuffisante et si le manque de nicotine persiste. Il est préférable de prendre une forme orale plutôt que de prendre une dernière cigarette. Si vous en fumez une, ce n'est pas une catastrophe, ce n'est pas que vous manquiez de volonté, c'est que vous êtes en manque de nicotine car vous n'êtes pas assez « substitué ». Le surdosage est tout à fait exceptionnel quand les substituts nicotiniques sont utilisés chez un fumeur dépendant de la nicotine. La baisse des doses permet de faire disparaître en quelques heures tous les signes.

Proposition de dose initiale de substituts nicotiniques

Fume	<10 cig./j	10-20 cig./j	21-30 cig./j	>30 cig./j
+ de 60' après le lever	Rien ou formes orales	Formes orales et/ou timbre 10 mg	Grand timbre et/ou formes orales	Grand timbre +/− formes orales
30 à 60' après le lever	Formes orales	Grand timbre et/ou formes orales	Grand timbre +/− formes orales	Grand timbre +/− formes orales
<30' après le lever	Timbre moyen et/ou formes orales	Grand timbre +/− formes orales	Grand timbre + formes orales	Timbre(s) grand +/− moyen + formes orales
<5' après le lever	Timbre moyen + formes orales	Grand timbre + formes orales	Timbre(s) grand +/− moyen + formes orales	Timbres + grand + moyen + formes orales

Suivi initial sous Champix®

Sous varénicline (Champix®), le suivi du traitement est simple car, après la phase initiale d'une semaine de montée de dose, la prise consiste en un comprimé à 1 mg matin et soir.

Si la tolérance n'est pas satisfaisante, il est possible de réduire la posologie à un comprimé de 0,5 mg matin et soir.

Il est recommandé de ne pas associer à la varénicline des substituts nicotiniques car la cible thérapeutique est identique et les effets des substituts sont annihilés dans cette association.

Si des nausées surviennent sous traitement, elles sont le plus souvent mineures et le léger trouble observé participe au début du tabac et à l'augmentation des prises alimentaires. La réduction de dose à 0,5 mg matin et soir durant quelques jours ou semaines permet de réduire ces troubles.

Il est conseillé de consulter son médecin durant l'arrêt et en particulier de discuter avec lui entre la 10e et la 12e semaine de l'opportunité de poursuivre pour douze semaines de plus la varénicline (ce qui augmente le taux de succès à un an dans les essais), puis pour savoir s'il faut arrêter brutalement ou progressivement le traitement.

Faites de votre entourage un allié

Alors qu'il y a vingt ans certains amis prenaient un malin plaisir à vous offrir des cigarettes quand vous essayiez d'arrêter de fumer, l'entourage des fumeurs est maintenant le plus souvent plein de bonne volonté, parfois même un peu pesant.

Quelques conseils pour vous faire aider par votre entourage :

- Annoncez votre date d'arrêt à votre entourage.
- Demandez à être encouragé lors de l'arrêt.
- Évitez les situations les plus tentantes lors de l'arrêt, en particulier les conditions qui vous conduiraient à boire trop d'alcool.
- Organisez une activité physique ou sportive avec votre entourage.
- Demandez à vos amis de vous avertir si vous devenez trop irritable (avec grande diplomatie, bien sûr !).
- Organisez avec votre entourage une alimentation saine : plus de légumes, moins de graisses.
- Si l'un de vos proches fume encore, dites-lui de vous accompagner.
- Si vous avez des enfants, parlez de votre arrêt le soir en les retrouvant.

Surveillez votre alimentation

Il est courant de noter une prise de poids de l'ordre de 2 kg après l'arrêt du tabac, mais elle n'est pas obligatoire. Si l'arrêt est mal conduit, la prise de poids peut être plus élevée.

Le poids résulte d'un équilibre entre :
- les apports caloriques apportés par les aliments et les boissons ;
- les dépenses énergétiques liées à l'activité physique courante ou le sport.

La cigarette intervient sur le poids de deux façons différentes :
- elle a un effet coupe-faim ;
- elle agit en augmentant les dépenses énergétiques.

Par conséquent, lorsqu'un individu fume, son poids est souvent inférieur à ce qu'il devrait être.

Lors de l'arrêt du tabac, si vous ne voulez pas prendre de poids, il faut augmenter votre activité physique et réduire vos apports caloriques, en remplaçant en particulier une partie de l'apport lipidique par des apports protidiques.

Conseils diététiques

- N'accroissez pas vos apports caloriques.
- Gardez à portée de main :
  - un fruit ou un légume cru à croquer ;
  - une boisson : eaux minérales ou non, boissons lactées, bouillons de légumes, potages instantanés, jus de fruits ou de légumes (riches en vitamines C dont le stock est souvent épuisé par le tabagisme) ;
  - quelques chewing-gums.

Attention ! n'utilisez pas en grande quantité la réglisse qui contient une substance élevant la tension artérielle.

- Si vous avez tendance à l'embonpoint ou si vous cédez au grignotage, préférez :
  - des boissons n'apportant pas de calories : eaux minérales ou non, gazeuses ou non, eaux aromatisées, tisanes non sucrées, bouillons de légumes, boissons édulcorées et pauvres en graisses ;
  - des crèmes sans sucre ;
  - des bonbons édulcorés.
- N'oubliez pas de manger lentement, de bien mastiquer pour redécouvrir avec plaisir l'odorat et le goût. Choisissez le plus souvent possible un lieu où l'on vous propose une atmosphère reposante et une installation confortable.

Activité physique

Lors de l'arrêt du tabac, il est important d'augmenter son activité physique. Mais il n'est pas non plus nécessaire de devenir un sportif professionnel.

Allez au travail en marchant ou descendez deux stations avant l'arrivée, ne prenez pas l'ascenseur et montez les escaliers à pied, marchez une heure après le dîner. Il existe bien d'autres moyens d'augmenter l'activité physique.

Natation, course à pied, gymnastique sont autant d'activités qui sont utiles pour brûler les calories et casser le mode de vie préalable.

Il faut, pour ne pas grossir en mangeant autant qu'avant, brûler 350 Kcal de plus par jour que du temps où vous fumiez.

Ce changement d'activité physique, le changement d'alimentation et l'arrêt du tabac modifieront parfois légèrement, parfois profondément votre style de vie, vers une vie plus saine.

La première semaine

Durant cette semaine, il faut adapter la dose de nicotine pour ne plus avoir besoin de fumer une seule cigarette.

La première semaine de l'arrêt est cruciale dans la réussite de ce dernier.

Il existe des éléments le plus souvent très positifs :

- votre motivation est forte ;
- la réduction ou l'arrêt du tabac obtenu vous donne l'impression d'être fort ;
- les troubles sont peut-être même moins importants que ce que vous redoutiez.

Les premiers signes bénéfiques de l'arrêt doivent maintenant se faire sentir :

- vous pouvez encore tousser ;
- vous pouvez avoir un peu de mal à dormir, mais les rêves sont colorés ;
- vous sentez que les choses vont mieux, que votre odorat commence à revenir ;
- vous constatez que certains membres de votre entourage sont heureux de votre sevrage et vous aident.

Perturbation du sommeil sous traitement

En arrêtant de fumer, le sommeil est très souvent perturbé durant quelque temps, il faut le savoir et analyser les troubles du sommeil qui peuvent survenir.

Des rêves colorés sont observés au cours de la substitution nicotinique, en particulier quand on prend les patchs 24 heures. Ces rêves souvent agréables vont durer quelques semaines, puis s'estomper. Ils n'ont aucune gravité. L'activité diurne est normale. Ils sont liés à la persistance de la stimulation des récepteurs nicotiniques durant la nuit.

Le sommeil peut être haché, de durée très raccourcie, avec de nombreux rêves. Une hyperactivité diurne résulte d'un surdosage en nicotine, il faut alors ne pas utiliser de patch la nuit.

Une insomnie à l'endormissement ou au petit matin évoque un syndrome de manque.

Des cauchemars avec réveils nocturnes et rumination traduisent le plus souvent une poussée de dépression. En effet, l'arrêt du tabac peut s'accompagner de la décompensation d'une dépression. Mieux vaut anticiper que de laisser s'aggraver la dépression. Cette dépression est plus fréquente si l'on est mal substitué.

Ainsi, n'hésitez pas à parler à votre médecin de vos troubles du sommeil afin qu'il vous aide à les analyser.

Deuxième semaine d'arrêt

Il faut se méfier de la baisse de la motivation : en effet, elle peut diminuer rapidement si l'arrêt a été trop facile la semaine précédente. Relisez vos motivations pour arrêter, reconsidérez le plaisir que vous aurez d'être non-fumeur à l'avenir et le plaisir que vous ferez à votre entourage.

La fumée quitte peu à peu votre corps. Il est déjà mieux oxygéné. Vos poumons se débarrassent de ses polluants. Votre odorat revient. Les saveurs des aliments changent. Le risque d'accident cardiaque ou vasculaire cérébral a déjà diminué.

Vous ne devez plus fumer une seule cigarette ; si vous en fumez encore une de temps en temps, augmentez vos substituts nicotiniques.

Pesez-vous pour voir si vous restez dans vos exigences de limites de prise de poids. Si vous dépassez ces exigences, faites un plan pour augmenter votre activité physique, ne mangez rien en dehors des repas et réduisez légèrement vos rations caloriques en supprimant en particulier toute consommation d'alcool et de fromage.

Et même si tout va bien et que vous vous sentez fort, n'oubliez pas vos traitements.

Premiers résultats positifs

Au bout de deux semaines, les bienfaits de l'arrêt sont déjà visibles.

Regardez-vous dans la glace, votre peau est plus rose, moins grise.

Vous commencez à retrouver les odeurs, les saveurs (peut être même trop rapidement !).

Vous sentez vos poumons de façon différente. Vous commencez à penser que vous tenez le bon bout.

Si vous aviez mesuré la pollution de votre corps par le CO chez votre médecin, vous constatez que votre taux est maintenant normal. Vos récepteurs nicotiniques retrouvent une sensibilité normale et diminuent en nombre...

Mais vos récepteurs à la nicotine sont encore trop nombreux, trop peu sensibles, vous n'êtes pas encore guéri de votre tabagisme, vous êtes juste sur la bonne voie.

Faut-il enlever le patch si on fume ?

Jusqu'en 1999, on répétait à la télévision qu'il ne fallait jamais fumer avec un patch et ne jamais associer gomme et patch. Ces conseils étaient basés sur le principe de précaution car, à l'époque, on n'avait que peu de données suffisantes sur la sécurité des substituts nicotiniques, ce qui rendait les médecins et les autorités sanitaires prudents sur les conseils à donner.

Depuis, les données se sont accumulées pour prouver le caractère inoffensif des substituts nicotiniques pour les fumeurs. Il est maintenant clair pour tous que si un fumeur prend une cigarette avec un patch car il est en manque, il ne faut pas enlever le patch, mais au contraire renforcer le traitement nicotinique. Il serait aussi stupide d'arracher le patch à quelqu'un qui fume une cigarette que de supprimer les antalgiques à quelqu'un qui a toujours mal sous traitement de la douleur au lieu de renforcer le traitement ou d'arrêter l'insuline à un diabétique qui, sous insuline, a toujours trop de sucre. Avant le sevrage, certains jours, vous fumiez peut-être une ou cinq cigarettes de plus qu'un autre jour. En termes de nicotine dans le corps, c'est exactement la même chose.

Il en est de même pour la prise d'une cigarette avec les autres médicaments du sevrage Champix® et Bupropion : ne dramatisez pas cette prise, mais ne la banalisez pas non plus, mettez en place votre plan d'urgence.

Troisième semaine

Si vous ne fumez plus depuis quatre semaines, c'est déjà une bonne victoire. Il vous faut maintenant transformer l'essai.

Le danger qui vous guette est de baisser la vigilance trop tôt. Il faut prendre son temps pour arrêter de fumer. En France, la durée de traitement recommandée est de deux à trois mois. En arrêtant trop précocement, vous avez plus de risques de rechuter. Ce n'est pas parce que vous avez peut-être fait l'expérience de l'oublier un jour que vous êtes tiré d'affaire. Continuez à vous faire aider. Soyez tolérant avec votre traitement même s'il vous embête, même si vous êtes maintenant persuadé de très bien pouvoir y arriver sans... C'est possible, mais c'est moins sûr que si vous arrêtez avec.

Vous commencez à être un non-fumeur, le fait devient ancré dans votre activité et dans votre vie quotidienne.

Si tout va bien et que vous êtes sous substituts nicotiniques, vous pouvez cependant diminuer d'un tiers vos doses quotidiennes de nicotine, mais n'hésitez pas à les augmenter si l'envie de fumer revient. Avec Champix® ou Zyban®, la dose reste inchangée.

Deuxième mois

Deux mois sans fumer ! Si vous êtes sous Zyban®, votre traitement va bientôt finir. Si vous êtes sous Champix®, le traitement dure au minimum encore un mois à la même dose. Si vous prenez des substituts nicotiniques, vous avez encore un mois de traitement à prendre.

Vous avez déjà affronté un certain nombre de situations à risque en confirmant votre nouveau statut de non-fumeur. Sympathique, non ?

Vous avez résisté avec succès à des situations où vous ne pensiez pas pouvoir être non-fumeur. Si une fois vous avez fumé une cigarette, ce n'est pas une catastrophe, et cela d'autant moins que vous savez maintenant gérer ces situations avec des formes orales de nicotine.

Si vous êtes sous substituts nicotiniques, vous allez pouvoir, à la fin du mois, réduire encore d'un tiers votre traitement si vous n'avez plus aucune pulsion à fumer, mais gardez toujours des substituts oraux en poche... au cas où !

Troisième mois après Zyban®

Ça y est, le Zyban® est arrêté, comme il doit l'être en France une fois les deux boîtes terminées. L'envie de fumer s'est effacée.

Vous n'êtes plus fumeur.

Votre décision est claire, vous vous la répétez le matin au lever ou en voyant venir des situations tentantes pour vous : « Je ne prendrai plus jamais une cigarette ! »

Vous avez géré votre poids et votre activité physique.

Si vous vous sentez faible dans les situations à risque de reprise, gardez auprès de vous des formes orales de substituts nicotiniques, comme des gommes à 2 mg ou des pastilles sublinguales à faire fondre sous la langue. Si la tentation est forte, prenez une gomme ou une pastille sublinguale.

Troisième mois

Bientôt trois mois que vous ne fumez plus.

C'est le moment où vous allez abandonner progressivement tout ce qui vous a aidé à arrêter.

Si vous prenez toujours des substituts nicotiniques, vous êtes en phase de décroissance.

La victoire totale est proche. Si, au bout de trois mois, on ne fume plus sans médicaments, on devient un ex-fumeur, on n'est plus un fumeur. Il faut peaufiner votre plan de prévention des rechutes car certaines envies restent à vie au fond de l'âme des fumeurs, même s'ils ne fument plus.

Évitez les situations trop tentantes dans les mois qui viennent ou, si vous pensez pouvoir vous y confronter, anticipez bien le risque de rechute, ayez des techniques d'évitement. Un moyen efficace est de garder toujours dans la poche quelques gommes à 2 mg, ou d'autres substituts nicotiniques, à prendre si une situation était encore trop tentante.

Poursuivre le Champix® après trois mois ?

En 2007, l'autorisation de mise sur le marché du Champix® prévoit un traitement de douze semaines (trois mois). Les études préalables à l'agrément du produit ont étudié l'effet de la prolongation de douze nouvelles semaines du traitement après les douze semaines initiales.

Cette prolongation de traitement de douze semaines de plus avec un médicament actif (soit environ six mois de traitement) permet plus d'abstinence tabagique à un an que de poursuivre le traitement avec douze semaines de traitements placebo.

À la fin de trois mois de traitement, il est donc possible de prolonger le traitement par le Champix® si l'arrêt du tabac n'est pas encore totalement acquis.

Il n'est pas actuellement autorisé de prolonger le Champix® au-delà de six mois. En attendant que les données s'accumulent pour confirmer la bonne tolérance du produit, il est indispensable de respecter strictement cette durée limite d'utilisation.

Poursuivre les gommes après trois mois ?

Si vous continuez à prendre des formes orales après trois mois, c'est vraiment un inconvénient mineur. Il vaut cependant mieux consulter car cela signifie que, si vous êtes débarrassé de la cigarette, vous êtes resté dépendant de la nicotine par la cigarette. Les recommandations officielles est de la faire avant six mois de traitement. Il est recommandé de ne pas consommer de substituts au-delà de six mois. Le médecin vous demandera parfois de prendre un patch faiblement dosé qui calmera vos envies aussi bien que les gommes et achèvera de vous désaccoutumer de la nicotine. En effet, la cinétique de la nicotine libérée par les patchs, plus régulière que celle des gommes, permet dans ces cas une désaccoutumance à la nicotine.

Mais, même si vous n'y arrivez pas, le risque de continuer pendant plusieurs années les substituts nicotiniques est infime par rapport au risque de reprendre le tabac.

Peut-on devenir dépendant aux substituts ?

On a lu dans certains journaux que des fumeurs étaient devenus dépendants des gommes : c'est totalement faux, c'est de la désinformation.

Oui, on peut être dépendant de la nicotine, mais la seule façon de devenir dépendant de la nicotine, c'est de fumer du tabac (ou éventuellement de le priser ou de le chiquer). On n'a jamais vu quelqu'un se dire : « Tiens, j'ai envie de devenir dépendant de la nicotine. Je ne fume pas mais je vais aller en pharmacie acheter des patchs que je vais me coller pendant des mois pour essayer de devenir dépendant ! »

Non, on ne crée pas de dépendance avec des substituts nicotiniques.

En revanche, il est vrai que de rares personnes rendues dépendantes de la nicotine en fumant du tabac ont du mal à arrêter les substituts nicotiniques. Ce risque n'existe pas avec les patchs qui délivrent de façon très progressive la nicotine tout au long de la journée.

Ce risque, quand il est rencontré, survient avec les formes orales qui donnent des taux de nicotine dans le sang moins réguliers. Les pics de nicotine qui persistent stimulent la synthèse de nouveaux récepteurs nicotiniques, entraînant la dépendance.

Le risque de rechute

Il existe un risque important de rechute quand on a arrêté de fumer depuis trois mois.

Une personne sur deux qui a arrêté pendant trois mois rechute dans l'année. Passé l'année, le risque de rechute s'estompe progressivement.

Il faut donc mettre toutes les chances de votre côté en prenant ce risque de rechute au sérieux.

Ceux qui disent : « J'ai arrêté ! Finalement, cela n'a pas été difficile car je suis un peu Superman (ou Superwoman) ! » et qui baissent la garde sont particulièrement menacés par les rechutes.

N'oubliez pas que le tabac avait pris la commande d'une partie de votre cerveau et que votre liberté peut à nouveau être aliénée si vous ne prenez pas certaines précautions.

Le « deuil de la cigarette », comme disent les psys, doit être fait : « Plus jamais je ne fumerai une cigarette ! Même si certaines cigarettes ou cigares m'ont fait plaisir, ils m'ont fait trop de mal par ailleurs ! »

Comme le buveur qui prenait un verre de vin au petit déjeuner ne peut plus boire une seule goutte d'alcool sans prendre un risque considérable de rechute, le fumeur qui fumait dès le petit déjeuner ne peut plus prendre une seule cigarette sans courir un risque élevé de rechute.

Identifiez les situations de risque de rechute

Il est important dès le début de l'arrêt de bien identifier les situations de risque de rechute.

Si vous avez déjà arrêté de fumer et craqué, analysez vos rechutes ; si vous n'avez pas d'expérience en la matière, faites une enquête autour de vous auprès de fumeurs ou d'anciens fumeurs. Demandez-leur de raconter leurs arrêts et leurs rechutes ou la façon dont ils se sont sortis de situations tentantes. Il faut que vous ayez au moins 10 trucs en poche pour anticiper, contourner ou éviter les risques. Vous diminuerez ainsi considérablement les risques de rechute.

Si l'un de vos proches s'est arrêté en même temps que vous, faites le point régulièrement avec lui sur vos expériences de tentation de rechute. Les rechutes se font principalement dans deux situations :

- Tout va mal, vous déprimez, ça ne va plus avec votre conjoint(e), vous êtes licencié(e), votre cher oncle vient de mourir...
- Tout va trop bien, trop vite et, en plus, vous avez pris un peu d'alcool au cours de cette fête de famille ou entre amis, vous n'avez plus d'inhibitions, on vous propose une cigarette, juste une... et c'est reparti !

Anticipez les rechutes

La première chose à faire pour éviter les rechutes, c'est de toujours être en anticipation.

Il faut lister les principales situations de risque de rechute et anticiper votre attitude dans cette situation. Avoir un temps de réflexion devant une situation tentante est votre meilleur allié pour prévenir les rechutes.

Les situations les plus à risque pour moi ?	Mes parades dans ces situations...
1	1
2	2
3	3
4	4
5	5

Évitez les rechutes

L'évitement est une méthode simple de prévention des rechutes. Il ne faut pas hésiter à l'utiliser au début, quand on ne se sent pas encore assez sûr de soi, quand on n'a pas encore assez d'alliés pour vivre sans tabac, mais, à terme, la situation peut devenir pesante.

Qu'est-ce que l'évitement ?

C'est tout simplement éviter de se retrouver dans des situations à risque :

- Je sais que si je vais en boîte de nuit, je vais boire un peu et avoir de très fortes tentations de fumer : afin d'éviter cette situation, je ne vais pas en boîte actuellement.
- Je sais qu'après un bon repas au restaurant, le café m'attire vers la cigarette : j'anticipe par un évitement ; en fin de repas, je ne prendrai pas de café.

Cette technique est très efficace, mais viendra un moment où vous aurez envie de vous faire plaisir ; n'hésitez pas à le faire, mais anticipez bien les situations à risque et armez-vous pour y faire face. Si vous êtes dans ces situations avec des proches, n'hésitez pas à demander à l'un d'eux de vous aider (avec diploma

Gardez longtemps de la nicotine en poche

L'une des armes contre les rechutes est le port sur soi d'un substitut nicotinique oral. N'hésitez pas à en garder avec vous durant des mois. Il est possible que le traitement initial ait été des substituts nicotiniques, du Zyban® ou du Champix®.

La nicotine aura surtout pour mission de vous rassurer : si vous avez un besoin urgent et que vous sentez que vous allez craquer, elle est là dans votre poche ou dans votre sac.

Elle peut être prise, si le besoin est réel, sans aucune conséquence sur votre santé.

À distance de l'arrêt :
- Certains fumeurs garderont toute leur vie le désir de tabac, c'est ceux qui sont le plus en danger.
- D'autres fumeurs seront dégoûtés par le tabac, ils ne toléreront plus aucune odeur de tabac, ils sont les plus à l'abri de la rechute.
- Enfin, certains resteront plus indifférents au tabac, ils redeviendront réellement non-fumeurs.

Si je reprends une cigarette

Il vaut mieux éviter de reprendre une seule cigarette, anticiper cette possible rechute mais, si vous en avez repris une au cours d'une soirée un peu trop arrosée ou sur un coup de déprime, il faut stimuler votre détermination et ne pas rechuter.

Pendant quelques jours, restez très vigilant :

- Pensez régulièrement : « Non, je n'en reprendrai pas ! »
- Remettez en route vos techniques d'évitement.
- Augmentez votre activité physique.
- Vérifiez que vous avez bien vos substituts nicotiniques oraux avec vous.
- Relisez la liste de tout ce qui vous avait conduit à ne plus fumer.
- Faites tout pour éviter la deuxième et la troisième.
- Faites-vous aider, parlez-en autour de vous, vous trouverez plus d'aide que vous ne le pensez

Bienfaits précoces de l'arrêt

Il existe de nombreux bénéfices à l'arrêt du tabac.

Au bout d'un jour :
- le pouls se ralentit ;
- la pression artérielle baisse un peu ;
- la pollution au CO est presque éliminée ;
- le corps est mieux oxygéné.

Au bout d'une semaine :
- l'odorat revient ;
- le goût des aliments revient ;
- les poumons éliminent les toxiques qui les encombrent ;
- l'activité physique est plus facile ;
- le risque d'infarctus a considérablement diminué ;
- l'odeur de tabac froid a disparu.

Au bout d'un mois :
- l'encombrement bronchique et la toux diminuent ;
- le risque d'infection diminue ;
- la peau n'est plus grise ;
- l'activité physique est plus facile ;
- le risque d'infarctus a considérablement diminué.

Bienfaits tardifs de l'arrêt

Au bout d'un an :
- la muqueuse respiratoire est en grande partie reconstruite ;
- le risque de cancer commence à diminuer ;
- l'éventuel essoufflement est stabilisé ;
- l'athérosclérose n'évolue plus.

Au bout de cinq ans :
- le risque cardiaque a rejoint celui du non-fumeur ;
- le risque de cancer du poumon a diminué significativement ;
- le souffle est stabilisé et ne se dégrade plus que comme chez le non-fumeur de 30 ml par an.

Au bout de quinze ans :
- le risque de cancer du poumon a considérablement régressé, sans toutefois rejoindre celui du non-fumeur ;
- le risque de surmortalité lié au tabac a presque totalement régressé.

Le prosélytisme : une arme contre vos rechutes

Être généreux, attentif aux autres est finalement un bon moyen de vous occuper de vous-même.

Si vous avez réussi à arrêter de fumer, quelles que soient les difficultés rencontrées, vous êtes un exemple pour les autres fumeurs qui voudraient eux aussi, pour la plupart d'entre eux, réussir ce que vous avez réussi.

Vous, quelqu'un ne vous a-t-il pas aidé, donné l'exemple et confié quelques conseils ?

N'hésitez pas à faire profiter les autres de votre expérience en essayant de faire avancer les fumeurs dans leur désir d'arrêter.

À ceux qui fument sans se soucier de rien, donnez-leur l'envie d'arrêter un jour.

À ceux qui se posent des questions, aidez-les à choisir une date d'arrêt et donnez-leur des conseils pour se préparer.

À ceux qui sont en train d'arrêter, faites-leur raconter leurs difficultés et leurs succès, peut-être aurez-vous des expériences à partager.

À ceux qui ont arrêté, parlez des tentations de rechutes et des moyens utilisés pour les éviter, vous renforcerez l'un et l'autre votre détermination à être non-fumeurs.

Livres

S'arrêter de fumer pour les Nuls
    un guide complet pour l'arrêt du tabac dans
    la collection « Pour les Nuls », David Brizer,
    adaptation de Bertrand Dautzenberg,
    Éditions First, 2004.

Le Rideau de fumée
    un réquisitoire contre l'industrie du tabac
    et les pratiques mafieuses,
    Pr Gérard Dubois, Seuil, 2003.

Le Tabagisme
    information sur le tabac, son histoire, ses effets,
    Bertrand Dautzenberg, Éditions Privat, 1996.

Le Tabagisme passif
    rapport à la DGS, Bertrand Dautzenberg,
    Documentation Française, 2002, 180 pages.

Le Tabac en 200 questions
    des réponses simples à des questions simples,
    Béatrice Le Maître,
    De Vecchi Éditions, 2003.

Arrêter de fumer !
    décrit le fumeur, son arrêt, les freins à l'arrêt,
    Pr Gilbert Lagrue,
    Éditions Odile Jacob, 2006.

Sites internet

Le site **http://tabac.gouv.fr** est le nouveau site interministériel français d'information sur le tabac.

Le site **http://wwwoft-asso.fr** contient de nombreuses informations, en particulier sur le tabac et le monde du travail.

Le site **http://www.festif.org** est un site plein d'informations sur les facultés, sur la chicha, avec de nombreuses illustrations.

Le site **http://tabac-info.net** de la Ligue nationale contre le cancer apporte de nombreuses informations sur le tabac.

Le site français **http://jeveuxarreter.com** comporte de nombreuses informations sur l'arrêt du tabac.

Le Réseau hôpital sans tabac offre un site pour les professionnels mais avec de grandes pages grand public. **http://www.hopitalsanstabac.org**

Le site du réseau européen des hôpitaux sans tabac présente de nombreuses diapositives pour ceux qui ont un exposé à faire. **http://www.ensh.aphp.fr**

Le site canadien **http://www.info-tabac.ca** est un véritable portail pour le très riche réseau québécois de contrôle du tabagisme.

Le site suisse francophone **http://www.stop-tabac.ch** est un véritable site d'aide à l'arrêt en ligne.

Le site européen **http://ensp.org** apporte toutes les informations européennes.

Associations et téléphones en France

Écoute téléphone
Tabac Info Service, ligne d'arrêt (TIS) :
0825 309 310 (0,15 euro/min)

Associations

- **Ligue nationale contre le cancer (LNCC)**
  Réseau de 101 comités à travers tous les départements français.

- **Droit des non-fumeurs (DNF)**
  Il défend les non-fumeurs.

- **Réseau hôpital sans tabac (RHST)**
  Il mobilise les professionnels de santé hospitaliers et les maternités : 01 40 44 50 26.

- **Office français de prévention du tabagisme (OFT)**
  Il conduit des études et des formations sur l'arrêt du tabac et agit en entreprise : 01 43 25 19 65.

- **Alliance contre le tabac d'Île-de-France (ACTIF)**
  Elle mobilise les facultés et les étudiants :
  01 48 04 55 31.

Associations et téléphones dans le monde

En Belgique

Il n'existe pas de ligne nationale d'aide à l'arrêt du tabac.
La FARES est l'association belge francophone contre les maladies respiratoires. Elle a développé une importante activité antitabac :
02 512 2936 www.fares.be

En Suisse

La ligne suisse de conseil à l'arrêt du tabac est le 0 848 88 7788.
Le CIPRET de Genève-Carrefour-prévention conduit de nombreuses actions de prévention et a une boutique à Genève :
022 321 00 11 www.prevention.ch

Au Canada francophone

La ligne d'aide à l'arrêt du tabac est gratuite.
- Pour Québec : 1 888 853 6666
- Pour Terre-Neuve : 1 800 863 5864

Santé Canada a développé un site en français pour l'aide à l'arrêt du tabac : www.gosmokefree.ca
Ce site regroupe les acteurs canadiens :
1 866 318 116.

Table des matières

Introduction	5
Comment lire ce petit livre	6
Et si j'arrêtais ?	7
Et si j'arrêtais ?	7
Les stades de préparation au changement	8
Arrêter sur un coup de tête	9
Pourquoi avez-vous envie d'arrêter ?	10
L'information : une redoutable arme antitabac	11
Le minimum des connaissances	12
La fumée du tabac : un nuage toxique	13
Origine du monoxyde de carbone (CO)	14
Mesure du CO expiré	15
Origine des goudrons de la fumée du tabac	16
Action des goudrons	17
La nicotine : un produit chimique	18
Action de la nicotine sur le corps	19
La nicotine : une drogue dure !	20
Dioxine, cadmium, nitrosamines & cie	21
Autres composés	22
La cigarette roulée est encore plus toxique	23
Fausses solutions pour se protéger	24
L'image du tabac est en train de changer	25
Dès 45 ans, les ex-fumeurs sont majoritaires	26
Le tabac n'est plus « classe »	27
Le tabac coûte de plus en plus cher	28

Une industrie mondiale qui cherche son profit	29
Effets respiratoires non cancérogènes	30
Effets respiratoires cancérogènes	31
Effets cardiovasculaires du tabac	32
Effets cardiovasculaires : bénéfice de l'arrêt	33
Effets sexuels chez l'homme	34
Effets sur la reproduction chez la femme	35
Effets digestifs et urinaires du tabac	36
Effets du tabac sur les infections	37
Avertissements sanitaires	38
Les 14 avertissements sanitaires européens	39
La fumée du tabac dans l'environnement	40
Composition de la fumée latérale	41
L'exposition au tabagisme passif	42
Principaux effets du tabagisme passif	43
Les dépendances au tabac	44
Environnement social	45
Les murs parlent tabac	46
L'interdiction : une chance pour les fumeurs	47
La gestuelle souvent surestimée	48
Êtes-vous dépendant (test de Fagerström) ?	49
Interprétation du test de Fagerström	50
Hésitants : pesez le pour et le contre	51
Fumer : avantages et inconvénients	52
Nourrissez-vous de vos échecs antérieurs	53
Vous êtes décidé à arrêter	54
Les pics de nicotine poussent à fumer	55

J'ai fixé ma date et me prépare à l'arrêt — 56

- Fixer une date — 56
- Ma date d'arrêt + calendrier — 57
- Se préparer à l'arrêt avant sa date — 58
- Organisez l'arrêt avant sa date — 59
- Changez vos habitudes de fumeur — 60
- Imaginez-vous non-fumeur — 61
- Comprenez les raisons de la prise de poids à l'arrêt — 62
- Variation de l'indice de masse corporelle — 63
- Fixez vos exigences en termes de poids — 64
- Avertissez les autres — 65
- Les méthodes — 66
- Les substituts nicotiniques — 67
- Essayez les formes orales de substituts — 68
- Les formes orales de substituts — 69
- Comment prendre les gommes — 70
- Comment prendre les autres formes orales — 71
- Le patch — 72
- Les différents patchs — 73
- Comment poser les patchs — 74
- Peut-on associer patch et gomme ? — 75
- Les patchs sont-ils parfois dangereux ? — 76
- Les médicaments victimes de la désinformation — 77
- Le Champix® (varénicline) — 78
- Comment prendre le Champix® (varénicline) ? — 79
- Le Zyban® (Bupropion) — 80
- Comment prendre le Zyban® (Bupropion) ? — 81

Les futurs vaccins	82
Les thérapies cognitives et comportementales	83
Autres objectifs des TCC	84
La psychothérapie	85
L'hypnose	86
Homéopathie, aromathérapie et vitamines	87
L'acupuncture	88
Le laser	89
La « méthode » Allen Carr	90
Quelques arnaques	91
Quelques situations particulières	92
Principe de l'arrêt chez la femme enceinte	93
Vous êtes enceinte	94
Vous êtes adolescent	95
Vous êtes dans une situation précaire	96
Vous êtes déprimé	97
Vous êtes cardiaque	98
Vous ne fumez qu'au travail	99
Vous ne fumez qu'à la maison	100
Vous roulez vos cigarettes	101
Vous fumez le cigare	102
Vous fumez la chicha (narguilé)	103
Vous fumez parfois du haschisch	104
Vous avez un problème avec l'alcool	105
Vous allez être opéré(e)	106
Votre médecin du travail vous aide	107
Votre généraliste vous aide	108

Une ligne téléphonique vous aide	109
La réponse de Tabac Info Service	110
Votre pharmacien vous aide	111
Prix des traitements d'aide à l'arrêt	112
Prise en charge financière de l'arrêt	113
J'arrête	**114**
Aujourd'hui, vous arrêtez	114
Votre première journée sans fumer	115
Êtes-vous bien dosé en nicotine ?	116
Sous dosage en nicotine	117
Surdosage et toxicité de la nicotine	118
Surdosage en nicotine sous traitement	119
Sous substituts adaptez les doses de nicotine	120
Proposition de dose initiale de substituts nicotiniques	121
Suivi initial sous Champix®	122
Faites de votre entourage un allié	123
Surveillez votre alimentation	124
Conseils diététiques	125
Activité physique	126
La première semaine	127
Perturbation du sommeil sous traitement	128
Deuxième semaine d'arrêt	129
Premiers résultats positifs	130
Faut-il enlever le patch si on fume ?	131
Troisième semaine	132
Deuxième mois	133
Troisième mois après Zyban®	134

Troisième mois	135
Poursuivre le Champix® après trois mois ?	136
Poursuivre les gommes après trois mois ?	137
Peut-on devenir dépendant aux substituts ?	138
Je ne veux pas rechuter	**139**
Le risque de rechute	139
Identifiez les situations de risque de rechute	140
Anticipez les rechutes	141
Évitez les rechutes	142
Gardez longtemps de la nicotine en poche	143
Si je reprends une cigarette	144
Bienfaits précoces de l'arrêt	145
Bienfaits tardifs de l'arrêt	146
Le prosélytisme : une arme contre vos rechutes	147
Pour en savoir plus	**148**
Livres	148
Sites internet	149
Associations et téléphones en France	150
Associations et téléphones dans le monde	151
Table des matières	**152**
Index	**158**

Index

A

accident vasculaire cérébral 33-35
activité physique 59, 62, 114, 123-124, 126, 129, 134, 144, 145
acupuncture 33, 88
adolescence 27, 92, 95, 118
alcool 8, 15, 20, 92, 105, 123, 124, 126
alimentation 8, 59, 114, 123, 124, 126
arnaques 66, 91
aromathérapie 66
athérosclérose 146

B

bienfaits de l'arrêt 130, 145, 145
boulimie 62, 117
budget (substituts) 28, 81, 107, 113
budget (tabac) 28
Bupropion (voir Zyban®)

C

cancer (de la vessie) 36
cancer (du poumon) 116, 117, 146
cannabis 20, 95, 104
cauchemars 128
céphalées 119
Champix® (voir varénicline)
chicha 41, 92, 103
cigare 10, 92, 102
cigarillos 24, 102

D

date d'arrêt 56, 57, 58, 93, 123
dépendance 18, 19, 20, 22, 25, 27, 39, 44, 54
dioxine 21
dépression 76, 97, 128

E

emphysème 30
entourage 6, 9, 16, 38, 51, 65, 123

F

fertilité 34, 35, 39
fumeurs passifs 42, 43

G

gestuelle 44, 48, 101
gommes 66-68, 70, 72, 77, 88, 111, 116, 119, 134, 137, 138
goudron 23, 24, 31, 41
grossesse 35, 39, 93

H

haschish 104
homéopathie 87
hypnose 66, 86

I

impuissance 34, 39
indice de masse corporelle 63
inhaleur 66-68, 71
insomnies 80, 128
intervention chirurgicale 106
irritabilité 117

L

laser 66, 89
ligne téléphonique d'aide 109-110

M

maladies cardiovasculaires 32-33
médecin du travail 107
médecin généraliste 108
méthode Allen Carr 90
monoxyde de carbone 14, 35, 41
mort subite du nourrisson 43
motivations 10, 129

N

narguilé (voir chicha)
nausées 94, 118, 122
nicotine 18-20, 55
nicotine (dosages) 118-121

P

pastilles 66-68, 71, 134
patchs 66-67, 72-76
pharmacien 111
pilule 35
pneumopathies 30, 96

préparation à l'arrêt 8
prévention des rechutes 84, 139-142
prise de poids 62, 64, 89, 124, 129
prix des traitements 112
psychothérapie 85

R

rechutes 139, 142
rêves 128
risque fœtal 35, 94

S

situation précaire 92
situations à risque 140, 142
sommeil 117, 128
sous dosage en nicotine 117
sport 59, 124, 126
substituts 67, 120-121, 138
surdosage en nicotine 118-119

T

tabac à rouler 23

Tabac Info Service 106, 10-110, 150
tabacologue 109-110
test de Fagerström 49-50
thérapies cognitives et comportementales (TCC) 83-84
thrombose 32
toux 30-31, 145

U

ulcère 36

V

Varénicline 66, 78-79, 88, 122
Vitamine C 87

Z

Zyban® 94, 95, 98, 101, 108, 112, 114, 132-134, 143